I0018693

Tableur et programmation

Houssem Mansouri

Tableur et programmation

Excel et VBA

Éditions universitaires européennes

Publisher:
Éditions universitaires européennes
is a trademark of
International Book Market Service Ltd., member of OmniScriptum Publishing Group
17 Meldrum Street, Beau Bassin 71504, Mauritius

Printed at: see last page
ISBN: 978-613-1-59311-6

Tableur et programmation
Excel & VBA

Partie 01
Microsoft Office Excel 2003

Partie 02
Visual Basic for Application

Partie 03
Exercices

Houssem MANSOURI

2011

Tableur et programmation
Excel & VBA

Houssem MANSOURI

A Zineb

Avant-propos

Ce livre est destiné aussi bien aux apprentis qu'aux utilisateurs avancés d'Excel souhaitant créer des applications de tableur et voulant s'initier au langage VBA ou approfondir leurs connaissances dans ce domaine. Il vous permettra d'acquérir les compétences nécessaires pour personnaliser l'interface du logiciel et adapter précisément Excel à vos attentes et vous disposerez de tous les éléments qui vous permettront de développer des applications finies. L'ouvrage se compose de trois parties :

- La première partie est consacrée aux fondamentaux principes du tableur Excel 2003, et les différents outils qu'ils utilisent.

- La deuxième partie présente l'environnement de programmation VBA (Visual Basic for Application) appliqué au logiciel Excel.

- La troisième partie propose des exercices récapitulatifs qui vous guident pour la création complète des petites applications Excel.

Sommaire

Partie 01

Microsoft Office Excel 2003

Partie 01

Microsoft Office Excel 2003

1. Généralités sur Excel :

1.1 Définition d'un tableur : Un tableur est un logiciel permettant la construction et la manipulation de tableaux de données numériques. Ces tableaux sont composés de **cellules** (intersection d'une ligne et d'une colonne) pouvant contenir du texte, des données numériques ou une formule de calculs.

1.2 Microsoft Office Excel : l'Excel fonctionne avec des menus déroulants et il utilise différents outils, dont:
- Un classeur (comprenant des feuilles de calcul ou onglets) ;
- Un assistant graphique ;
- Un générateur de base de données (permettant de créer des filtres) ;
- Un utilitaire permettant de créer des macro-commandes (avec comme langage VBA) ;
- Un gestionnaire de scénarios et solveur.

2. Entrer dans Microsoft Office Excel 2003 : Lorsque Windows XP, qui se charge automatiquement, apparaît, cliquez sur **démarrer/tous les programmes/Microsoft Office/Microsoft Office Excel 2003**. Un petit sablier vous invitant à patienter, indique qu'Excel est en cours de chargement. Un nouvel écran apparaît. Vous êtes dans un tableau vierge d'Excel.

3. Les barres d'outils de Microsoft Office Excel 2003 : La fenêtre principale de Microsoft Office Excel 2003 se compose de différents éléments :

3.1 La barre des Titre : On peut y lire le nom du fichier.

3.2 La barre des menus : On peut y lire les différents menus proposés par Excel.

Un menu contient :
- Des commandes ;
- Éventuellement des sous-commandes ;
- Éventuellement des touches raccourcis clavier.

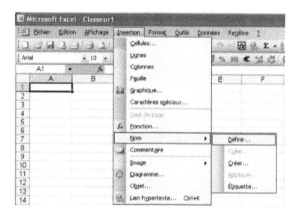

Lorsqu'une commande apparaît grisée, cela signifie qu'elle n'est pas accessible pour la phase de travail en cours.

3.3 La barre d'outils : Les barres d'outils permettent d'appeler des commandes, identifiées par des icônes. Au lancement l'Excel, nous trouvons normalement les barres « standard » et « format » sur notre écran. Ces deux barres regroupent les icônes des commandes les plus fréquemment utilisées.

3.3.1 La barre d'outils standard :

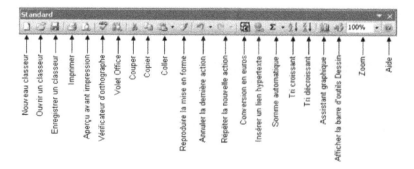

3.3.2 La barre d'outils format :

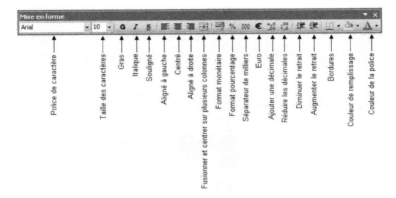

Vous pouvez à tout moment afficher, masquer, déplacer les barres d'outils. Pour cela :
- Aller dans le menu **Affichage**.
- Sélectionner la commande **Barre d'outils**.

4. Le fonctionnement de la souris dans Microsoft Excel : L'utilisation de la souris améliore considérablement l'ouverture des menus, le choix des commandes, la sélection d'une partie de texte ...

4.1 Sélectionner une plage de cellules : Placer le curseur (ou pointeur) de la souris au début de la plage à sélectionner ; Appuyer sur le bouton gauche de la souris qui devient une grosse croix blanche ⬧ et maintenir ce bouton enfoncé tout en faisant glisser la souris sur la plage à sélectionner. La plage en question apparaît alors en surbrillance.

4.2 Annuler une sélection : Placer le curseur de la souris à un autre endroit que la partir sélectionnée et cliquer.

5. Saisir du texte et une formule de calculs dans Excel :

5.1 Saisir du texte : Il suffit de taper le texte dans la cellule voulue après avoir placé le curseur dessus. Une fois la saisie terminée il faut la valider en appuyant sur la touche ENTRÉE ou on déplaçant le curseur. Chaque cellule est identifiée par sa colonne et son numéro de ligne.

5.1.1 Corriger du texte pendant la saisie :
- Utiliser la touche **Retour arrière.** Elle efface les caractères situes à gauche du curseur.
- Ou utiliser la touche **Suppr.** Elle efface les caractères situés à droite du curseur.

5.1.2 Corriger du texte après l'avoir valide :
- Se placer sur la cellule contenant la saisie erronée.
- Appuyer sur la touche **F2** et corriger l'erreur ou cliquer dans la **barre de formule** [*fx*] et modifier.
- Valider par la touche **ENTRÉE**.

5.2 Saisir une formule de calcul : La saisie d'une formule est la technique de base que vous utiliserez pour effectuer des opérations telles que des additions, des multiplications, des comparaisons... . Une formule combine dans une cellule des valeurs et des opérateurs (+, -, *...) pour produire une nouvelle valeur à partir de valeurs existantes.

UNE FORMULE COMMENCE TOUJOURS PAR LE SIGNE EGAL =

5.2.1 Exemple de formules :

=A1+A2+A3   La cellule contiendra la somme des cellules A1, A2, A3.
=A1*10%   La cellule contiendra le produit de la cellule A1 et le 10%.
=Moyenne(A1:10)   La cellule contiendra la moyenne de la plage de cellules allant de A1 à A10.

5.2.2 Saisir une formule :
- Placer votre curseur sur la cellule qui doit recevoir le résultat de la formule.
- Taper = pour activer la barre de formule.
- Taper la formule.
- Valider par la touche **ENTRÉE**.

6. Enregistrer une feuille de calcule :
- Ouvrez le menu **Fichier**.
- Cliquez la commande **Enregistrer sous**.
- Indiquez le nom du fichier dans l'emplacement prévu à cet effet.
- Cliquez dans le rectangle situé à droite des mots **Enregistrer dans**. Une liste des dossiers apparaît, cliquez le nom du dossier (c'est à dire l'endroit) où doit être enregistrer votre document.
- Cliquez le bouton **Enregistrer**. Votre texte réapparaît quand la sauvegarde est terminée, le nom de votre document apparaît dans la barre de titre.

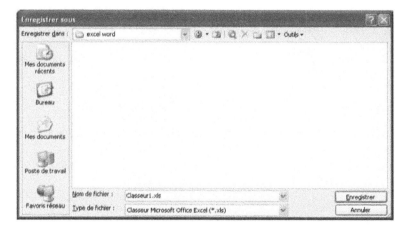

Lorsque votre fichier a été sauvegardé une première fois, il est possible par la suite de le sauvegarder rapidement. Pour cela, il suffit de cliquer le bouton représentant une disquette , Cette manœuvre ne fermer pas le fichier.

Lorsque vous sauvegarder votre classeur, celui-ci peut comporter plusieurs feuilles de calculs.

7. Fermer une feuille de calculs : Il est préférable de fermer chaque document (après, les avoir sauvegardé) avant de quitter le logiciel.
- Ouvrez le menu **Fichier**.
- Cliquez la commande **Fermer**. Le document actif sera fermé. S'il n'a pas été sauvegardé, un message vous l'indiquera.

8. Ouvrir une feuille de calculs : Cliquez la commande **Ouvrir** du menu **Fichier** ou cliquez le bouton 🗁. Si le lecteur indiqué n'est pas celui où se trouve le fichier à rappeler modifiez-le comme vous l'avez appris lors de la sauvegarde.

Choisissez dans la liste des fichiers proposés le document à ouvrir en le cliquant.

Cliquez le bouton **OK**, le document se charge.

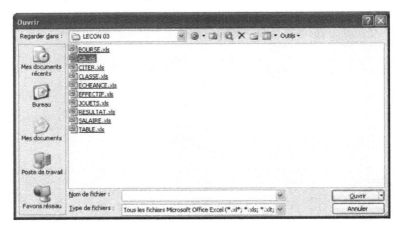

9. Créer une nouvelle feuille de calcule :

9.1 Avec la barre d'outils : Avec l'icône Nouveau   dans la barre d'outils standard.

9.2 Avec le menu : cliquer sur **Fichier / Nouveau**. Le **volet Office** s'ouvre. Vous avez alors plusieurs possibilités :
- Nouveau classeur Excel.
- Créer à partir d'un classeur existant.
- Un modèle prédéfini présent sur l'ordinateur.

Si vous choisissiez un modèle **Sur mon ordinateur**, vous obtenez une fenêtre de choix (identique aux précédentes versions d'Excel). Choisissez le modèle qui vous convient et cliquez sur **OK**.

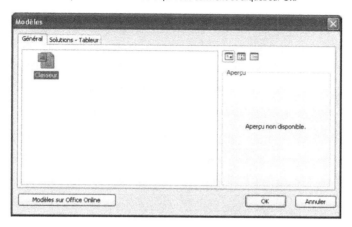

10. Quitter Microsoft Excel :
- Ouvrez le menu **Fichier**.
- Cliquer la commande **Quitter**. Si votre travail n'a pas été sauvegardé, un message vous l'indiquera.

11. Modifier le format des nombres :

11.1 Les déférents formats de cellules : Il existe différents formats pour les nombres.

11.1.1 En utilisant la barre d'outils format : Le format des nombres est automatiquement en standard. La méthode la plus simple pour les modifier est d'utiliser les boutons de la barre d'outils.

- Sélectionnez les cellules concernées (si la saisie est déjà effectuée).
- Cliquez le bouton de format choisi à savoir :

Monétaire : affiche les nombres en fonction du format monétaire défini par Windows.

Euro : affiche les nombres avec le symbole euro et un espace pour le millier.

Pourcentage : affiche les nombres avec le symbole %.

Décimal : affiche les nombres avec un espace pour les milliers et 2 décimales.

Augmenter d'une décimale.

Réduire d'une décimale.

11.1.2 En utilisant le menu : La commande **Format/Cellule/Nombre** permet de choisir parmi une palette plus large de formats qui sont regroupés par catégorie : nombre, monétaire, pourcentage, date. (Voir écran ci dessous).

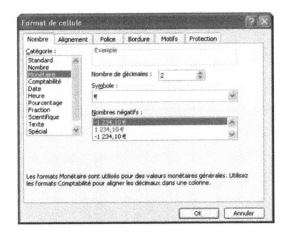

11.2 Exemples de formats dates et heurs :

11.2.1 Codification des dates :

m	Mois sans zéro significatif (de 1 à 12)
mm	Mois avec zéro significatif (de 01 à 12)
mmm	Mois abrégé (de Jan à Déc)
mmmm	Mois en entier (de Janvier à Décembre)
j	Jour sans zéro significatif (de 1 à 31)
jj	Jour avec zéro significatif (de 01 à 31)
jjj	Jour abrégé (de Lun à Dim)
jjjj	Jour en entier (de Lundi à Dimanche)
aa	Année sur 2 chiffres (ex 78)
aaaa	Année sur 4 chiffres (ex 1978)

11.2.2 Codification des heurs :

h	Affiche les heures sans zéro significatif (de 0 à 23)
hh	Affiche les heures avec zéro significatifs (de 00 à 23)
m	Affiche les minutes sans zéro significatif (de 0 à 59)
mm	Affiche les minutes avec zéro significatif (de 00 à 59)
s	Affiche les secondes sans zéro significatif (de 0 à 59)
ss	Affiche les secondes avec zéro significatif (de 00 à 59)
am/pm	Affiche l'heure sur un cycle de 12 heures. AM, am, A, a pour les heures de midi
a/p	à minuit (après midi). PM, pm, P, p pour les heures de minuit à midi (matin)

Exemple : une date saisie sous la forme 17/11/02 s'affichera sous la forme samedi 17 novembre 2002 si on a créé comme format jjjj mmmm aaaa

11.2.3 Calcule sur les dates et heurs : Il est possible d'effectuer des calculs sur les dates et les heures. Le résultat doit être formaté afin d'obtenir la forme voulue.

La fonction **=maintenant()** renvoie la date du jour au format choisi.

La fonction **=aujourdhui()** renvoie la date du jour ainsi que l'heure.

FORMULE	RÉSULTAT	FORMAT DU RÉSULTAT
23/06/2004-17/11/71	11907 (jours)	Normal
23/06/2004-17/11/71	33	AA (ans)
17/11/1971+11907	23/06/2004	JJ/MM/AAAA
14 h 50 – 09 h 20	04:55	HH:MM

12. Modifier l'alignement des cellules :

12.1 En utilisant la barre d'outils : L'alignement standard est à gauche pour le texte et à droite pour les nombres. Il est cependant possible de modifier l'alignement des données. La méthode la plus simple est d'utiliser les boutons d'alignement dans la barre d'outils.
- Sélectionnez les cellules concernées (si la saisie est déjà effectuée).
- Cliquez le bouton de l'alignement choisi à savoir :

 Gauche.

Droite.

Centré.

Centré sur plusieurs cellules.

12.2 En utilisant le menu : Excel permet d'aligner de différentes façons une cellule (centré, à droite, justifié...). En plus de ces différentes options, on peut activer l'option *Renvoi à la ligne automatique*. Les textes qui dépassent le cadre de la cellule sont alors renvoyés à la ligne. La hauteur de ligne est alors automatiquement ajustée (par exemple la ligne 7).
- Sélectionner la ligne ou la cellule devant être ajustée.
- Allez dans le menu **Format / Cellule** *Onglet* **Alignement.**
- Validez l'option **Renvoi à la ligne automatique.**
- Cochée Alignement vertical **Centré** pour que le texte soit centré en hauteur.
- Cliquer le bouton **OK.**

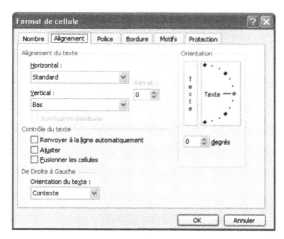

13. Modifier les styles de caractères :

13.1 En utilisant la barre d'outils : Il est possible d'améliorer la présentation générale des tableaux grâce aux boutons de la barre d'outils.
- Sélectionnez avec la souris les cellules concernées.
- Cliquez le bouton de style choisi à savoir :

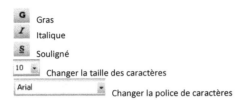

G Gras

I Italique

S Souligné

10 Changer la taille des caractères

Arial Changer la police de caractères

13.2 En utilisant le menu : La commande **Format / Cellule** Onglet **Police** permet de choisir parmi une palette plus large de formats.

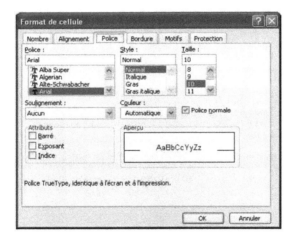

14. Les bordures et les trames :

14.1 Les bordures : Excel permet de mettre en évidence, sous la forme d'un encadrement ou d'un ombrage, une cellule ou une zone de cellules. On peut, très simplement, dessiner n'importe quel type de traits (verticaux, horizontaux et diagonaux) sous n'importe quel format (gras, double soulignement...) et sous n'importe quel bord (droit gauche, haut, bas et contour).

14.1.1 En utilisant l'icône bordure :

- Sélectionnez les cellules concernées par les bordures.
- Cliquez sur l'icône **Bordure**.
- Sélectionnez les options de votre choix.
- Cliquez le bouton **OK**.

14.1.2 En passant par le menu :

- Sélectionner les cellules concernées par les bordures.
- Cliquer la commande **Format / Cellule** onglet **Bordures**.
- Choisissez les différentes options jusqu'à ce que l'aperçu vous semble correct.
- Cliquez le bouton **OK**.

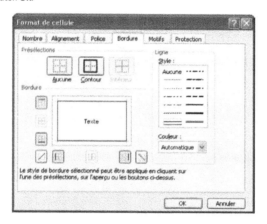

14.1.3 En utilisant un format automatique prédéfini : Afin de gagner du temps il est possible de confier à Excel le soin de réaliser la mise en forma d'un tableau. Pour cela :

- Sélectionnez votre tableau.
- Ouvrez le menu **Format / Mise en forme automatique.**
- Sélectionnez dans la liste la mise en forme désirée.
- Cliquez le bouton **OK**.

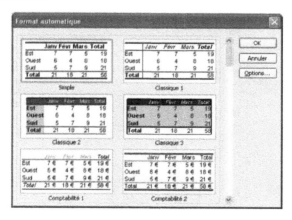

15. Modifier la largeur des colonnes et la hauteur des lignes : Vous pouvez mettre en forme votre feuille de calcul en augmentant ou en diminuant les largeurs de colonnes. Il existe 2 méthodes.

Important : Si Excel affiche ##### dans une cellule c'est que les données saisies ne tiennent pas dans les limites de la cellule. Pour afficher correctement les données, augmentez la largeur de colonne.

15.1 En utilisant la souris :
- Sur la ligne grise contenant les noms des colonnes (A, B, C...), placer le curseur de la souris juste sur le trait droit marquant la fin de la colonne. Le signe apparaît.
- Maintenez votre bouton gauche de la souris enfoncé et faites glisser la souris sur la droite ou sur la gauche jusqu'à ce que la largeur vous convienne.
- Lâchez le bouton de la souris.

15.2 En utilisant le menu format :
- Sélectionnez avec la souris les colonnes s'il y en a plusieurs à élargir ou placez le curseur dans la colonne à élargir.
- Cliquez la commande **Format / Colonne / Largeur**.
- Tapez directement la nouvelle largeur de la colonne.
- Cliquez le bouton **OK**.

Vous pouvez également ajuster automatiquement la largeur de la cellule à son contenu.

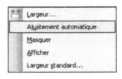

16. Insérer et supprimer des lignes et des colonnes :

16.1 Insérer une ligne et une colonne entière : Placer le curseur sur une cellule de la ligne juste en dessous de la ligne à insérer (la ligne ou la cellule, sera insérée juste au-dessus du curseur) ou placez le curseur sur une cellule de la colonne juste à droite de la colonne à insérer (la colonne ou la cellule, sera insérer juste à gauche du curseur). Cliquez sur le menu **Insertion** puis cliquez la commande **Ligne** ou **Colonne** selon le cas.

16.2 Insérer une cellule :
- Placez votre curseur juste après l'endroit où doit être insérer la cellule.
- Cliquez la commande **Insertion/Cellule**.
- Choisissez **Décaler les cellules vers le bas** ou **Décaler les cellules vers la droite** si vous voulez insérer une cellule sur la ligne où se trouve le curseur sans en ajouter une dans les autres lignes.
- Cliquez le bouton **OK**.

16.3 Supprimer une cellule, une colonne ou une ligne :

- Sélectionnez les cellules à supprimer.
- Cliquez la commande **Édition / Supprimer**.
- Selon le cas cliquez l'option voulue (ligne entière, colonne entière...).
- Cliquez le bouton **OK**.

17. Annuler, répéter et rétablir une commande :

17.1 Annuler la dernière commande : On regrette parfois l'action que l'on vient de faire. Excel permet d'annuler la dernière commande effectuée. Pour cela il suffit de cliquer la commande **Édition / Annuler** (c'est la première de la liste). Seule la dernière commande est annulée.

17.2 Annuler plusieurs commandes : Excel enregistre au fur et à mesure que vous travaillez, les 100 dernières actions accomplies.

Lorsque vous appuyez sur le petit triangle symbolisant une flèche du bouton . Excel affiche les 100 dernières actions sous la forme d'une liste. L'action située la plus en haut est la toute dernière effectuée, la plus en cas dans la liste est la première (dans la limite de 100). Lorsque vous cliquez dans la liste une action, cette action plus toutes celles effectuées après seront annulées.

17.3 Rétablir plusieurs commandes annulées : A l'inverse de la fonction permettant d'annuler plusieurs commandes, ce bouton permet de rétablir les commandes précédemment annulées. Ce bouton est à utiliser dans le cas où l'annulation des actions serait pire que la situation de départ.

17.4 Répéter la dernière commande : La fonction **Edition / Répéter** permet de répéter la dernière commande utilisée. Cela évite de refaite des manipulations.

17.5 Recopié élément :

17.5.1 Avec la poignée recopiée : Avec la souris positionnez vous en bas à droite de la cellule, une petite croix noire apparaît, vous pouvez alors recopier la cellule, vers le haut, vers le bas, vers la gauche ou vers la droite.

17.5.2 Avec le menu : Pour recopier un élément, allez dans le menu **Edition / Remplissage**.

Vous pouvez recopier l'élément vers le bas, vers la droite, vers le haut ou en bas. Le bouton **série** sert à créer une série de nombres. Exemple : vous saisissez 2 années dans 2 cellules différentes (2003 et 2004). Vous sélectionnez ces 2 cellules ainsi que celles que vous voulez voir recopier puis vous lancer le recopie série et les autres années sont automatiquement remplies sans avoir à les saisir.

	A
1	2003
2	2004
3	
4	

18. Couper, copier et coller :

18.1 Couper et coller des colonnes : Il peut arriver parfois que l'on ait besoin de déplacer le contenu d'une cellule. Afin d'éviter de le détruire puis de la retaper un peu plus loin, 2 fonctions ont été créées : couper et coller. Il s'agit de couper une ou plusieurs cellules et de les coller à un autre endroit.

18.1.1 En utilisant la barre d'outils : Sélectionnez à l'aide de la souris, les cellules que vous voulez déplacer.

Cliquez le bouton 　, les cellules sont en fait stockées dans le presse-papiers. Utilisez les touches de direction

pour placer le curseur à l'endroit où vous voulez copier les cellules et cliquez le bouton 　.

18.1.2 En utilisant le menu :
- Sélectionner à l'aide de la souris, les cellules que vous voulez déplacer.
- Choisissez la commande **Édition / Couper**. Les cellules sont en fait stockées dans le presse-papiers.
- Utiliser les touches de direction pour placer le curseur à l'endroit où vous voulez copier les cellules et choisissez la commande **Édition/Coller**.

18.2 Copier et coller les données : Il peut arriver parfois que l'on ait besoin de dupliquer une ou plusieurs cellules. Afin d'éviter de le retaper un peu plus loin, 2 fonctions ont été créées : copier et coller. Il s'agit de copier des cellules et de les coller à un autre endroit.

18.2.1 En utilisant la barre d'outils :
- Sélectionnez à l'aide de la souris, les cellules que vous voulez déplacer.
- Cliquer le bouton 　, Les cellules sont en fait stockées dans le presse-papiers.
- Utilisez les touches de direction pour placer le curseur à l'endroit où vous voulez copier des cellules et cliquez le bouton 　.

Vous avez la possibilité de coller plusieurs éléments en appuyant sur la flèche à côté du bouton coller.
- Soit que la formule de calculs sans les formules de la cellule ;
- Soit la valeur et dans le cas, pas la formule ;
- Aucune bordure ;
- Transposer ;
- Coller avec liaison.

Formules
Valeurs
Aucune bordure
Transposer
Coller avec liaison
Collage spécial...

18.2.2 En utilisant le menu :
- Sélectionner à l'aide de la souris, les cellules que vous voulez déplacer.
- Choisissez la commande **Édition/Copier**. Les cellules sont en fait stockées dans le presse-papiers.
- Utiliser les touches de direction pour placer le curseur à l'endroit où vous voulez copier les cellules et choisissez la commande **Édition/Coller**.

18.3 Utiliser le presse-papiers office :

- Ouvrir le **volet Office** en cliquant sur le bouton .
- Sélectionner dans la liste **Presse-Papiers**.
- Copier ou couper le ou les éléments (jusqu'à 24) soit avec le menu, soit avec l'icône **Copier** , ou couper , le contenu de ce que vous venez de couper apparaît dans le presse-papier.
- Positionner le pointeur de la souris sur le nouvel emplacement.
- Cliquer sur l'élément correspondant dans la fenêtre presse-papiers.

Si vous avez sélectionné plusieurs éléments à couper (jusqu'à 24), vous pouvez décider de tout coller au même endroit en cliquant sur le bouton **Coller tout**.

Si vous voulez effacer tous les éléments copiés, cliqué sur le bouton **Effacer tout**.

19. Trier les cellules : Pour trier un tableau selon une colonne bien définie, vous devez sélectionner **toutes les colonnes du tableau** sinon seule la colonne sélectionnée sera triée les autres données ne bougeront pas et donc les lignes ne se correspondront plus entre elles.
- Sélectionner les cellules devant être triées. Aucune donnés en dehors de la plage ne sera affectée par le tri.
- Cliquez la commande **Données / Trier**.
- Choisir une ou plusieurs colonnes pour trier. Attention, l'ordre dans lequel vous choisissez les colonnes pour le tri a de l'importance !
- Cliquer le bouton **OK**.

Si votre tableau comporte une 1ère ligne une description des colonnes, cochez **Oui** dans la zone **ligne de titre**.

20. Figer et libérer les volets :

20.1 Figer les volets : Lorsqu'un tableau comporte beaucoup de lignes ou de colonnes, les étiquettes saisies en toute première ligne ne sont plus visibles des que l'on descend dans la liste. Il est possible de figer les étiquettes (ou n'importe quelle feuille de calcul) afin qu'elles restent affichées même si l'on fait défiler les lignes.

Pour cela, il faut d'abord fractionner la feuille en volets (c'est à faire définir ce qui soit être figé) puis figer les volets créés.

- Placez le curseur tout au début de la ligne ou tout en haut de la colonne servant de limite au fractionnement. Ce sont les lignes situées au-dessus ou les colonnes situées à gauche de cette limite qui seront figées.
- Cliquez la commande **Fenêtre / Figer les volets**. La ligne de fractionnement apparaît alors plus fine.

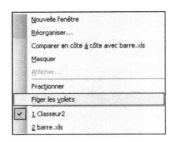

20.2 libérer les volets Figés : Cliquez la commande **Fenêtre / Libérer les volets**. Le fractionnement disparaît et les volets sont libérés.

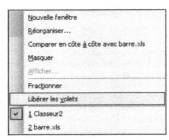

21. Insérer une image dans une feuille de calcule : Excel peut importer dans une feuille de calcul des données provenant de fichiers d'un autre format. La condition pour que cette fonction soit utilisable est que les filtres graphiques correspondants aient été inclus au moment de l'installation d'Excel.

Aller dans le menu **Insertion / Image / Images Clipart**. Ou ouvrir le **volet Office** et choisir **Images clipart**.

Dans la zone **Rechercher**, saisir un nom pour l'élément à rechercher (exemple : ordinateur).

Dans la zone **rechercher dans**, vous pouvez choisir l'endroit où rechercher vos images :
- **Mes collections** : images personnelles sur le disque dur,
- **Collection Office** : images clipart installé avec Office,
- **Collection Web** : recherche sur le site de Microsoft les images correspondantes à votre recherche.

Dans la zone **Les Résultats devraient être**, vous pouvez choisir le type de document à rechercher :

Cliquer ensuite sur **OK**. Une liste de résultat s'affiche en dessous.

Cliquer ensuite sur l'image qui vous convient et celle-ci s'insère dans votre document ou cliquer sur le menu à droite de l'image puis Insérer.

Vous pouvez également grâce à ce menu voir un aperçu plus grand des images, copier l'image la supprimer de la Bibliothèque multimédia...

22. Nommer les feuilles d'un classeur : Pour nomme une feuille dans un classeur, il suffit de **double-cliquer son onglet** en bas de l'écran où apparaît son nom provisoire (feuil1 ou graph1 par exemple). Le nom provisoire apparaît alors en noir, il suffit tout simplement de taper le nom à donner à la feuille. Le nom de classeur lui ne change pas. Ou pointez sur l'onglet et cliquez droit puis **Renommer**.

23. La mise en page et l'impression :

23.1 Aperçu avant impression : Cliquez la commande **Aperçu avant impression** du menu **Fichier** ou cliquer le

bouton [image]. Cette commande permet de voir le tableau tel qu'il sera imprimé et de juger de sa présentation générale. Différents boutons sont accessibles tels que :

[Suiv.] et [Préc.] permettent faire défiler une à une les pages du document.

[Zoom] permet de faire apparaître une loupe que l'on peut déplacer dans la page t qui en cliquant donne un zoom de la partie pointée.

Imprimer... permet de lancer l'impression.

Page... permet d'accéder à la mise en page et de modifier certaines options (les marges, l'orientation, de quadriller ou non les cellules...).

Marges permet d'afficher les marges du document et de les modifier directement avec la souris.

Aperçu des sauts de page permet d'afficher les différentes pages simultanément à l'écran avec les sauts de page et de les modifier directement à l'écran. ATTENTION, pour afficher de nouveau votre feuille de calcul de manière normale, vous devez cliquer la commande Normal du menu Affichage.

Fermer permet de revenir à la feuille de calcul elle-même pour y apporter d'éventuelles modifications.

23.2 La mise en page : La commande **Mise en page** du menu **Fichier** détermine la présentation du document imprimé. Lorsque vous enregistrez un document, EXCEL enregistre en même temps les paramètres de mise en page. La commande Mise en page vous permet de définir un en-tête en un pied de page à afficher sur chaque page, de modifier les marges de la page, l'orientation du papier et de préciser si le quadrillage et les numéros de lignes et de colonnes doivent être imprimés.

Les paramètres disponibles de la boîte de dialogue varient en fonction du type de fenêtre active (feuille de calcul, graphique...).

23.2.1 L'onglet page : Il permet en autre de changer l'orientation de l'impression, de déduire ou agrandir un tableau.

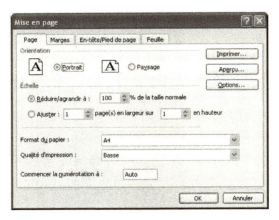

Si votre tableau est trop largeur, vous pouvez cocher Ajuster.

23.2.2 L'onglet marges : Il permet de définir les marges d'impression et de centrer automatiquement le tableau verticalement et horizontalement.

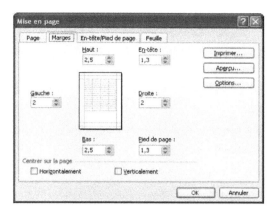

23.2.3 L'onglet en-tête/Pied de page : Il permet de créer les en-têtes et les pieds de page de la feuille de calcul.

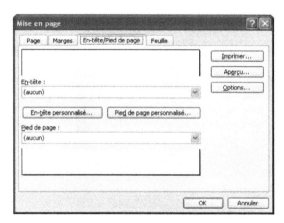

Vous pouvez personnaliser un en-tête et un pied de page qui sera imprimé en haut et en bas de chaque page. L'en-tête et le pied de page sont composés chacun de 3 sections (une gauche, une centrée, une droite) dans laquelle vous pouvez entrer de texte. 10 boutons sont alors à votre disposition :

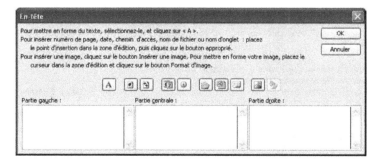

Permet de mettre en forme (souligné, taille) du texte saisi.

Insère le numéro de page [page].

Insère le nombre total de page de la feuille de calcul [pages].

Insère la date [date].

Insère l'heure [heure].

Insère le chemin d'accès au fichier sur le disque dur ou la disquette.

Insère le nom du classeur [fichier].

Insère le nom de la feuille [onglet].

Insère une image du disque dur.

Format de l'image.

23.2.4 L'onglet feuille : Il permet essentiellement d'afficher ou pas quadrillage et rappelle si une zone d'impression a été définie.

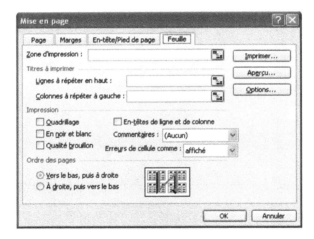

23.3 Créer une zone d'impression : Il est possible d'imprimer une plage de cellules d'une feuille de calcul qui n'est pas constituée de pages entières ; définissez la plage comme étant la zone d'impression. Seule cette zone sera imprimée lorsque vous choisirez la commande **Fichier / Imprimer** ou le bouton représentant une imprimante.

23.3.1 Pour sélectionner une zone d'impression :
- Sélectionnez avec la souris la plage à imprimer.
- Cliquez la commande **Fichier / Zone d'impression / Définir**. Sur la barre de formule, la plage sélectionnée porte le nom de **Zone d'impression**.
- Ou dans **Fichier / Mise en page** onglet **Feuille**, saisir la zone d'impression dans la zone indiquée.

23.3.2 Pour supprimer une zone d'impression :
- Sélectionnez toute la feuille de calcul.
- Choisissez la commande **Fichier / Zone d'impression / Annuler**.

23.4 Imprimer une feuille de calcul :

- Cliquez la commande **Fichier / Imprimer**.
- Choisissez éventuellement des options (le document en entier ou d'une page à l'autre...).
- Cliquer le bouton **OK**.

Vous pouvez imprimer entièrement le document en cliquant, dans la barre d'outils le bouton .

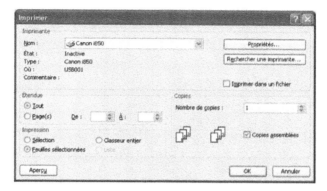

24. Les sauts de page : Si un document dépasse la longueur d'une page, EXCEL le divise en plusieurs pages en fonction des marges définies lors de la **Mise en page**. Les sauts de page sont indiqués par un trait de tirets. Les sauts de page manuels sont toujours affichés, les sauts de pages créés automatiquement par EXCEL sont visibles uniquement si la case du menu **Outils / Options / Affichage / Sauts de page automatiques** est cochée. Les sauts de page sont visibles lors de l'aperçu avant impression. Les sauts de page sont enregistrés un même temps que le document.

24.1 Insérer une saute de page : Pour que le saut de page soit juste inséré avant une cellule, placer le curseur :

- Dans une cellule de la première colonne pour avoir un saut de page horizontal.
- Dans une cellule de la première ligne pour avoir un saut de page vertical.
- Dans une cellule quelconque pour créer un saut de page horizontal et vertical.
- Cliquer la commande **Insertion / Saut de page**.
- Des traits pointillés apparaissent définissant le saut de page.

24.2 Annuler un saut de page :

- Se positionner à l'endroit du saut de page manuel.
- Cliquer la commande **Insertion / Supprimer le saut de Page**.

24.3 Aperçu des sauts de page : L'option **Aperçu des sauts de pages** vous donne une idée de votre mise en page à partir du tableur et non par l'aperçu avant impression.

- Aller dans le menu **Affichage / Aperçu des sauts de pages**. Excel vous donne un message pour vous informer qu'il est possible de déplacer les sauts de pages pour mieux répondre à vos besoins.

- Excel va ensuite vous indiquer sur quel page le contenu de votre feuille de calcul va apparaître. Les sauts de pages apparaissent sous la forme de lignes de couleur bleue.
- Pour revenir à la présentation normale, allez dans le menu **Affichage / Normal**.

25. Les formules de calculs : Une formule de calculs commence toujours par le signe =

25.1 Les formules de calculs simples :

25.1.1 Les formules arithmétiques : Elles comportent des constantes, des références cellulaires ou des opérateurs arithmétiques. Ce type de formule permet de calculer un résultat et de l'afficher dans la cellule dans laquelle la formule a été saisie.

Exemples :
=D7*B17
=-A25
=1500*B17
=B5/B5

Tableau des différents opérateurs :

Opérateur	Exemple	Signification
Opérateurs arithmétiques		
*	10*8	Multiplication
/	B10/B15	Division
-	D17-B17	Soustraction
^	5^5	Puissance
+	6+7	Addition
%	5,5%	Pourcentage
-	-B17	Signe préfixé
Opérateurs de comparaison		
=	A1=A8	Égal
<>	A1<>A8	Différent
<=	A1<=A8	Inférieur ou égal
>=	A1>=A8	Supérieur ou égal
Opérateurs de plage de cellules		
:	A10:D10	Plage de cellules comprises entre A10 et D10
Espace	A10:D10 D10:D15	Intersection
;	A10:D10;A15:D10	Réunion
Opérateurs de concaténation		
&	A10&D10	Concaténation de chaînes de caractères

25.1.2 Les formules de chaines de caractères : Elles permettent de combiner deux ou plusieurs chaînes de caractères en utilisant l'opérateur &.

Exemples :
="LAURENT"&A20

25.1.3 Les formules logiques : Elles contiennent des comparaisons entre des constantes ou des cellules.

Exemples :
=A10>A20
=A10>=20

Ce type de formule renvoi la valeur *Vrai* si c'est exact ou *Faux* dans le cas contraire.

25.2 Les formules de calcul avec des fonctions :

Exemples :
=SOMME(A10:A20)
=MAX(A10:A20)

25.2.1 Les fonction les plus courantes :

Nom des fonctions	Définition utilité
=SOMME(*Plage*)	Effectue la somme des cellules comprise dans la *plage* Ex : =SOMME(A1:A4)
=MOYENNE(*Plage*)	Effectue la somme des cellules comprise dans la *plage* Ex : =MOYENNE(A1:A4)
=MIN(*Plage*)	Détermine la valeur minimale contenue dans la *plage* Ex : =MIN(A1:A4)
=MAX(*Plage*)	Détermine la valeur maximale contenue dans la *plage* Ex : =MAX(A1:A4)
=NBVAL(*Plage*)	Compte le nombre de cellules non vides contenue dans la *Plage* Ex : =NBVAL(A1:A4)
=NB(*Plage*)	Compte le nombre de cellules numériques contenues dans la *Plage* Ex : =NB(A1:A4)
=ARRONDI(*Valeur;Nb décimales*)	Arrondit la *valeur* au plus proche en fonction du *nombre de décimales* spécifié. Ex. : =ARRONDI(6,55957;2)=6,56 =ARRONDI(6,55957;0)=7 Pour arrondir à la dizaine, centaine, au millier le plus proche Nb décimales doit être négatif Ex. : =ARRONDI(10927,25 ;-1)=10920 =ARRONDI(10927,25 ;-2)=10900 =ARRONDI(10927,25 ;-3)=11000
=AUJOURDHUI()	Donne la valeur de la date système (date du jour)
=MAINTENANT ( )	Donne la date et l'heure système, donc un nombre décimal.
=DATE (année ; mois ; jour)	Donne le nombre correspondant à la date décrite. Ex : DATE(23;06;04) donne 8556
=JOUR (date)	Donne le jour de la date.
MOIS (date)	Donne le mois de la date décrite.
ANNÉE (date)	Donne l'année de la date décrite.
=SI(Condition;Alors action si vrai;Sinon Action si faux)	Effectue une opération en fonction d'une condition posée, deux alternative : soit la condition est vraie, soit la condition est fausse.
=RECHERCHEV(Valeur recherchée;Table matrice;No index col;Valeur proche)	Permet de rechercher dans une table une valeur donnée dans la colonne située à l'extrême gauche d'un tableau et renvoie la valeur de la cellule spécifiée.

25.2.2 Les fonctions prédéfinies :
Excel contient un certain nombre de fonctions prédéfinies. Il suffit de cliquer sur le bouton fonction Σ ▾ (c'est la somme par défaut) et de choisir la fonction que l'on veut utiliser : **Somme, moyenne, Compteur, Max, Min.**

Exemple pour la fonction **SOMME** :
- Sélectionnez les cellules contenant les éléments a additionner y compris.
- Cliquez sur le bouton **Somme**.

Si la fonction que vous voulez utiliser n'est pas dans cette liste, cliquez sur **Autres fonctions**. Lorsque l'on utilise des fonctions prédéfinies, il faut respecter la syntaxe de la fonction sous peine d'obtenir un message d'erreur. Comme il existe environ 400 fonctions prédéfinies et qu'on ne peut mémoriser toutes les syntaxes, EXCEL met à notre disposition un assistant Fonction. Cet outil a pour mission de nous venir en aide pour la saisie des fonctions.

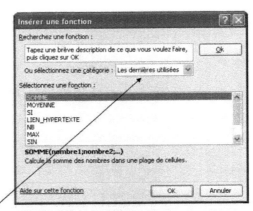

Choisissez une catégorie pour la fonction et la liste apparaîtra en dessous.

25.3 Copier une formule de calculs (La Généralisation) : Pour copier une formule vers le bas :
- Sélectionner la zone contenant la cellule à copier et les cellules de destination.

- Activer le menu **Edition - Recopier vers le bas**.

On peut également utiliser la poignée de recopie ✛, en le plaçant dans le coin inférieur droit de la cellule à copier (le pointeur se transforme en croix épaisse **+**).

Poignée de recopie

Pour copier une cellule **vers la droite** : recommencer la même procédure :
- Sélectionner la zone contenant la cellule à copier et les cellules de destination (à droite).
- Activer le menu **Edition - Recopier vers la droite**.

26. L'adressage relatif et l'adressage absolu :

26.1 L'adressage relatif : L'adressage relatif à des cellules permet de gagner du temps dans une mise à jour de documents. Si la formule est à reproduire plusieurs fois, il suffit de la copier d'une cellule à une ou plusieurs autres.

	A	B	C	D
1		2000	2001	2002
2	JANVIER	1 000	1 100	1 200
3	FEVRIER	1 200	1 300	1 500
4	MARS	1 400	1 600	2 000
5	TRIMESTRE 1	3 600	4 000	4 700

- Avec la souris se positionner en **A5**.
- Avec la souris, se positionner en bas à droite de la cellule, **une petite croix noire apparaît**.
- Faire glisser jusque **D5**. La formule est alors recopiée à droite.

26.2 L'adressage absolu : Il existe un autre type d'adressage dans une cellule. Il s'agit de l'adressage absolu.
Dans le cas d'un adressage ABSOLU (le signe $ est placé devant le n° de ligne et de colonne d'une cellule) une cellule est spécifiée avec précision. Si en recopie le contenu d'une cellule, possédant un adressage absolu, dans une autre cellule, alors cette dernière aura exactement la même formule ou la même saisie.

Ce type d'adressage est intéressant lorsque l'on veut transférer une même constante dans une ou plusieurs cellules. Une formule peut combiner un adressage relatif et un adressage absolu. On parlera alors d'un adressage mixte. Dans le cas d'une recopie alors on aura seulement une incrémentation de la partie relative de la formule.

27. Nommer une cellule : Il est possible de nommer une cellule ou une plage de cellules. On peut ensuite utiliser ce nom dans une formule. Les formules utilisant des noms sont plus faciles à lire (ex : formule = recettes - dépenses est plus claire que formule = F6-B6). De plus si une cellule souvent utilisée dans les formules doit être déplacé, seule sa référence par rapport à son nom devra être modifiée. Si vous recopiez une formule, vous vêtes plus obligé d'ajouter les $ si vous utilisez des noms.

27.1 Nommer une cellule ou une plage de cellules :

27.1.1 En utilisant le menu :
- Sélectionnez la cellule ou la plage de cellules que vous voulez nommer.
- Choisissez la commande **Insertion / Nom / Définie**.

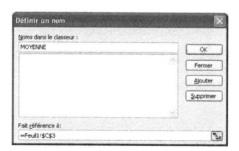

- Excel propose un nom basé sur le texte de la cellule active ou de la cellule placée au-dessus ou à gauche de la cellule active, si celles ci ne sont pas vides. Si le nom proposé ne vous convient pas, corriger le dans la zone **Nom dans le classeur**.

- Cliquez le bouton **Ajouter**.
- Cliquez le bouton **OK**.

Remarque : Lorsque vous placez le curseur sur une cellule nommée son nom apparaît en haut à gauche de l'écran.

27.1.2 En utilisant la barre d'outils :
-
- Sélectionnez la cellule ou la place de cellules que vous voulez nommer.
- Cliquez sur la flèche de la zone **NOM**.
- Saisissez un nom et Entrée.

Exemple : vous décidez d'attribuer un nom MOYENNE à la cellule C3.

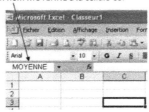

27.2 Supprimer un nom :
- Cliquez la commande **Insertion/Nom/Définir**.
- Cliquez dans la liste proposée le nom de la cellule à supprimer.
- Cliquez le bouton **Supprimer**.
- Cliquez le bouton **OK**.

ATTENTION !! Lorsque vous modifiez ou supprimer un nom, celui ci ne doit pas être utilisé dans un calcul sinon vous risquez de voir apparaître dans votre feuille de calcul le message #NOM? Il faudra alors modifier vos formules.

28. La formulation conditionnelle :

28.1 La fonction SI() : Excel met à notre disposition un certain nombre de fonctions permettant d'évaluer des comparaisons entre des valeurs logiques. Une de ces fonctions est la fonction SI(). Cette fonction renvoie une valeur si la valeur de l'argument test est VRAI et une autre valeur si cette valeur est FAUSSE.

=SI(Test;Valeur si VRAI;Valeur si FAUSSE)

Exemple : Une entreprise décide de donner à ses vendeurs une prime de 200 € pour un chiffre d'affaires inférieur à 2 000 € et de 300 € au-delà. Une feuille de calcul a été créée à cet effet.

	A	B	C
1	Vendeur	Chiffre d'affaires	Prime
2	Arnaud	1 200	
3	Gérard	2 700	
4	Bertrand	2 500	
5	Bernard	3 500	
6	Sylvie	1 000	

- Sélectionner les cellules **B2:B6** et nommer le groupe de cellule **CA** (Insertion/ Nom / Définir).
- Se placer dans la cellule **C2**.
- Sélectionnez la commande **Insertion / Fonction**.
- Sélectionnez par catégories, les **fonctions logiques** puis la fonction **=SI()**

- Une fois tous les renseignements saisis, cliquez sur le bouton **OK**.
- Vous obtenez dans la barre des formules **=SI(CA<2000;200;300)**.

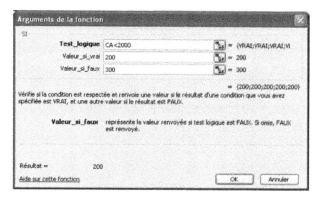

Cela signifie que si le vendeur a réalisé un chiffre d'affaires de plus de 2000 € alors on lui donnera une prime de 200 € sinon une prime de 300 €. Il ne vous reste plus qu'à recopier cette formule vers le bas jusqu'à C6. Vous obtenez :

	A	B	C
1	Vendeur	Chiffre d'affaires	Prime
2	Arnaud	1 200	200
3	Gérard	2 700	300
4	Bertrand	2 500	300
5	Bernard	3 500	300
6	Sylvie	1 000	200

28.2 La fonction SI() imbriquée : On peut imbriquer jusqu'à sept fonctions SI() les unes dans les autres. Exemple avec un seul SI() imbriqué.

=SI(Test;Valeur si VRAI;SI(Test;Valeur si VRAI;Valeur si FAUX))

En fait la deuxième condition constitue l'action si la première est fausse.

Exemple : Reprise du cas précédent mais en utilisant les règles de gestion suivantes :
- Si le chiffre d'affaires est inférieur à 2 000 €, 200 € ;
- Si le chiffre d'affaires est compris entre 2 000 et 3 000 €, 200 € ;
- Si le chiffre d'affaires est supérieur à 3 000 € , 300 €.

	A	B	C
1	Vendeur	Chiffre d'affaires	Prime
2	Arnaud	1 200	200
3	Gérard	2 700	250
4	Bertrand	2 500	250
5	Bernard	3 500	300
6	Sylvie	1 000	200

La formule de la colonne Participation est **=SI(CA<2000;200;SI(CA<=3000;250;300))**

29. Les formules logiques ET() / OU() :

29.1 La formule logique ET() : Cette fonction pour comparer jusqu'à 30 arguments entre eux. Elle renvoie VRAI si tous les arguments sont vrais, FAUX si au moins un des arguments est faux.

=ET(Valeur_logique1;Valeur_logique2;...)

Remarque : La fonction ET() est souvent combinée avec une fonction alternative =SI() ce qui donne :

=SI(ET(Test1;Test2;...); Actions si toutes les conditions sont vraies ; Actions si au moins une condition est fausse)

Exemple : Supposons que des salariés, ayant plus de cinq ans d'ancienneté et plus de trois enfants, ont droit à une prime de fin d'année 300 € sinon ils ont droit à une prime de 200 €.

=SI(ET(ancienneté>5;enfant>3);300;200)

29.2 La formule logique OU() : Cette fonction peut comparer jusqu'à 30 arguments entre eux. Elle renvoie VRAI si au moins un des deux arguments est vrai, FAUX si tous les arguments sont faux.

=OU(Valeur_Logique1;Valeur_logique1;...)

Remarque : La fonction OU() est souvent combinée avec une fonction alternative =SI(), ce qui donne :

=SI(OU(Test1;Test2;...) ; Actions si au moins une condition est vraie ; actions si toutes les conditions sont fausses)

Exemple : Supposons que des salariés, ayant plus de cinq ans d'ancienneté ou plus de trois enfants, ont droit à une prime de fin d'année de 300 € sinon ils ont droit à une prime de 200 €.

=SI(OU(ancienneté>5;enfant>3);300;200)

30. Le format conditionnel : Il permet de faire une mise en forme des cellules suivant la réponse obtenue.

Exemple : Supposons que si une cellule prend la valeur 300,00 €, elle devra apparaître avec un fond en couleur.
- Sélectionnez les primes (C2:C6).
- Allez dans le menu Format / Mise en forme conditionnelle.
- Précisez les conditions puis cliquez sur Format / Motif puis OK.

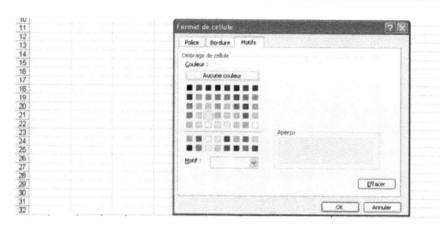

31. Utiliser la fonction RECHERCHEV () : La fonction RECHERCHEV() permet de rechercher dans une table une valeur donnée dans la colonne située à l'extrême gauche d'un tableau et renvoie la valeur de la cellule spécifiée.

=RECHERCHEV(Valeur_recherchée;Table_matrice;No_index_col;Valeur_proche)

Explication :

Valeur_recherchée : valeur à rechercher.
Table_matrice : représente les références cellulaires ou le nom de la table où se trouvent la valeur recherchée et la réponse.
 No_index_col : représente le numéro de la colonne, ou de la zone cellulaire, de la table où se situe la réponse.
Valeur_proche : représente la précision autorisée.

Exemple : Soit un classeur de calcul possédant 2 feuilles :
- Une avec une facture,
- L'autre avec les nom et adresses des clients.

L'objectif est d'afficher automatiquement le nom du client en **E15**, son prénom en **E17** et sa ville en **E19**, dés que l'on saisi son numéro en **E13**.

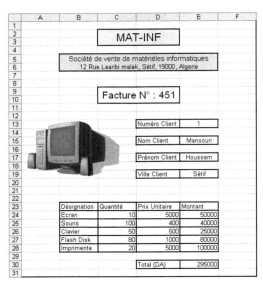

- Nommer la table Clients dans la feuille CLIENTS (B5:E11) **CLIENTS**.
- Nommer le Numéro client (E13) **NUMERO** dans la feuille FACTURE.
- Se positionner dans la feuille **FACTURE** sur la cellule **E13** (n° client)
- Cliquez sur l'assistant Fonction.
- Sélectionnez la fonction **RECHERCHEV()**

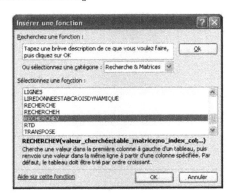

- Cliquer sur le bouton **OK**.
- Dans **valeur_cherchée**, saisir la Référence de la cellule dans laquelle ce trouve la valeur à rechercher (ici NUMERO soit E13 car elle contient le numéro client).
- Dans **Table_matrice**, saisir les références du tableau dans lequel on recherche la valeur (ici CLIENTS).
- **No_index_col** saisir le numéro de la colonne du tableau dans laquelle rechercher la valeur à afficher (ici **le nom du client se trouve dans la colonne C** et correspond donc à la colonne **2** du tableau de recherche).
- Cliquez sur **OK**.

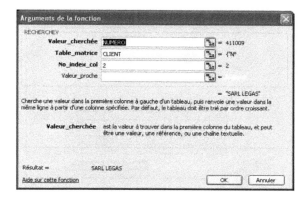

Recommencer la même chose pour l'adresse et la ville. Solution plus simple : utiliser la croix de recopie puis modifier la formule en changeant simplement le numéro de la colonne. Cela ne fonctionne que si vous avez nommé les cellules où si vous utilisez des références absolues.

32. Créer une liste déroulante : Une liste déroulante permet d'afficher un sous élément. Il suffira de cliquer sur la flèche pour ouvrir la liste et ainsi réaliser sa sélection. Elle est souvent liée avec une fonction RECHERCHEV().

Exemple : on modifie la facture précédente et dans la cellule E13, on insère une liste déroulante. Celle-ci permettra d'afficher automatiquement l'adresse, le code postal et la ville du client en sélectionnant son nom.

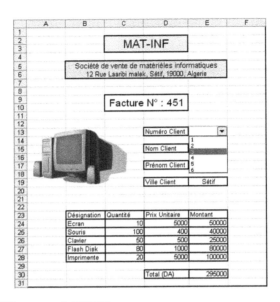

Placez sur la cellule **E13** et nommez-la **NUMERO**.

Allez dans le menu **Affichage / Barre d'outils / Formulaire.**

Cliquez sur le bouton **Zone déroulante** 🔲 puis dessinez sur votre feuille de calcul la zone déroutante sur la cellule **E13**.

Saisissez les propriétés de votre zone déroutante. Pour cela, sélectionnez la zone en cliquant sur le bouton droit de la souris puis sélectionnez la commande Format de contrôle ou aller dans le menu **Format / Contrôle**.

- **Plage d'entrée** : correspond à la plage de cellules que va contenir la liste **déroulante (ici les numéros des clients dans la feuille CLIENTS).**
- **Cellule liée** : correspond à la cellule qui se situe derrière la zone de liste déroulante **(ici E13 soit NUMERO).**
- **Nombre de lignes** : correspond au nombre de lignes à mettre dans la zone de liste **(ici 06).**

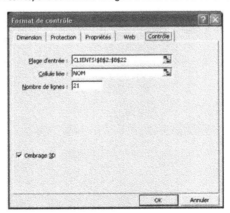

Créer ensuite les fonctions **RECHERCHEV ()** :
- En **E15** pour afficher le nom : =RECHERCHEV(NUMERO;CLIENTS;2).
- En **E17** pour afficher le prénom : =RECHERCHEV(NUMERO;CLIENTS;3).
- En **E19** pour afficher la ville : =RECHERCHEV(NUMERO;CLIENTS;4).

33. Réaliser une consolidation : Avec Excel, on peut lier dynamiquement une ou plusieurs cellules avec des cellules provenant d'autres feuilles de calcul. La modification de ces dernières entraînera la modification des autres. Le principe est identique avec les graphiques.

Exemple : Dans une feuille nommée **SEMESTRE1** nous trouvons le tableau suivant :

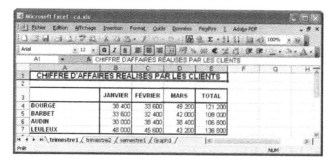

Dans une feuille nommée **SEMESTRE2** nous trouvons le tableau suivant :

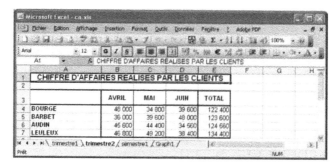

On aimera présenter dans la feuille **SEMESTRE 1** un tableau récapitulatif comme suit :

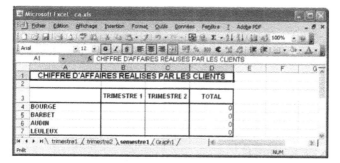

Première solution : En liant avec le = :
- Placez-vous dans la cellule **B4** de la feuille **SEMESTRE1**.
- Tapez **=**
- Placez-vous dans la cellule **E4** de la feuille **TRIMESTRE1** et tapez **ENTREE**.
- Recommencez la même procédure pour les autres cellules (ou utiliser le poignée de recopie).

Deuxième solution : par le menu et dans la feuille **TRIMESTRE1** sélectionnez les cellules **E4 à E7**. puis cliquez sur le bouton **Copier**
- Allez dans la feuille **SEMESTRE1** et sélectionnez les cellules **B4 à B7**.
- Aller dans le menu **Edition / Collage spécial**.

- Choisissez le mode de collage (si vous choisissez tout, même les formats bordures et couleurs seront copiés). Puis cliquez sur **OK**.

34. Réaliser un graphique :

34.1 La création de graphique : Un graphique peut être créé dans une feuille de calcul indépendante des données (on parlera alors de fenêtre graphique) ou incorporé dans la feuille de calcul avec les données qui ont permis sa création. Un graphique est lié à une feuille de données. Donc, toute modification, dans la plage de données, entraînera une mise à jour du graphique.

La procédure pour créer un graphique :

- Sélectionnez la plage de cellules de la feuille de calcul qui contient les données à tracer, y compris les étiquettes de colonne ou de ligne à utiliser dans le graphique.
- Cliquez la commande **Insertion/Graphique** ou cliquez sur l'icône de l'assistant graphique.
- Cliquez-glissez pour tracer le cadre afin de délimiter la taille du graphique incorporé dans la feuille de calcul.
- Suivez les étapes de l'assistant graphique.

Exemple : vous désirez réaliser un histogramme en trois dimensions des chiffres d'affaires des 4 vendeurs entre janvier et juin.

	A	B	C	D	E
1	CHIFFRE D'AFFAIRES RÉALISES PAR LES CLIENTS				
2					
3		JANVIER	FEVRIER	MARS	TOTAL
4	BOURGE	48 000	34 800	39 600	122 400
5	BARBET	36 000	39 600	48 000	123 600
6	AUDIN	45 600	44 400	34 560	124 560
7	LEULEUX	46 800	49 200	38 400	134 400
8	TOTAL	176 400	168 000	160 560	504 960

Écran 01 : Choix du type de graphique : Vous pouvez choisir dans cette étape le type de graphique que vous voulais. Sélectionnez-le et appuyer sur **Suivant**.

Écran 02 : Visualiser du graphique : Vous pouvez visualiser le graphique. Si celui-ci vous convient, cliquez sur **Suivant** sinon vous pouvez cliquez sur **Précédent** pour revenir au type de graphique.

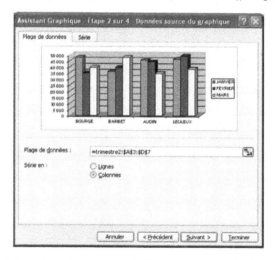

Vous pouvez inverser la forme du graphique en cochant **colonnes** et non lignes. Ce qui donne :

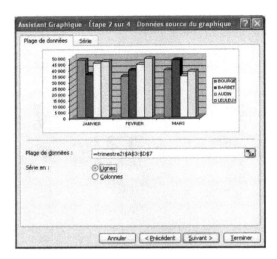

Si vous voyez que vous n'avez pas d'abscisse, vous pouvez cliquez sur l'onglet **Série** pour modifier.

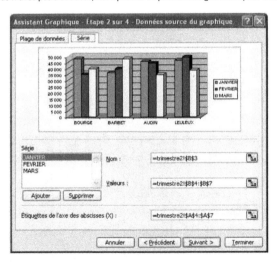

Vous pouvez pour chaque série modifier le **nom**, les **valeurs** et les **étiquettes des abscisses**.

Écran 03 : Insertion des titres et des légende : Vous pouvez saisir le titre du graphique et des axes, et dans les autres onglets, modifier les axes, le quadrillage, la légende, les étiquettes de données et ajouter la table de données sous le graphique. Cliquez ensuite sur Suivant.

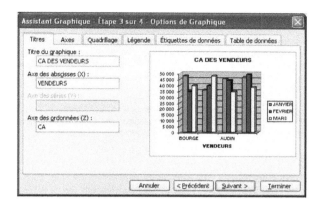

Écran 04 : Sélection de l'emplacement : Vous pouvez choisir ici l'emplacement du graphique : dans une feuille séparée ou dans la même feuille que le tableau. Cliquez sur **Terminer**.

On obtient alors le graphique. Il n'y a plus qu'à modifier sa taille.

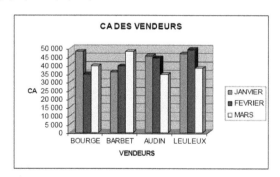

34.2 Réaliser un graphique avec des zones non contigües : Vous devrez parfois utiliser dans votre feuille de calcul une ou plusieurs cellules, ou plages de cellules, individuelles et non cote à cote, appelées sélection multiple, pour tracer un graphique.

Important : assurez-vous que les plages de cellules sélectionnées sont de la même taille. Si nécessaire, inclues des cellules vides dans la sélection, de façon à ce que toutes les plages soient rectangulaires.
Dans la feuille de calcul, faites glisser la souris sur la première plage de cellules à tracer. Maintenez la touche **CTRL** enfoncée tout en faisant glisser la souris sur la plage de cellules suivantes dans la feuille ce calcul.

Répétez l'étape 2 jusqu'à ce que vous ayez terminé la sélection des plages de cellules adjacentes.

34.3 Dimensionner un graphique : Cliquez le graphique afin de faire apparaître sur son pourtour les petits carrée noirs. Ces petits carrés noirs situés aux quatre coins et au milieu de chaque coté sont appelés des poignées. Promener le curseur de la souris dans le graphique sans cliquer, près d'une poignée. Cliquez le bouton gauche de la souris et tout en maintenant le bouton enfoncé, faites glisser celle ci jusqu'à ce que le graphique est la dimension voulue.

34.4 Déplacer un graphique : Promenez le curseur de la souris dans le graphique sans cliquer, le curseur doit prendre la forme d'une flèche blanche oblique. Cliquez le bouton gauche de la souris et tout en maintenant le bouton enfoncé, faites glisser celle ci jusqu'au nouvel emplacement du graphique.

34.5 Imprimer un graphique :

Imprimer un graphique en-dessous d'un tableau de données : Cliquez le graphique afin de faire apparaître sur son pourtour des petits carrés noirs. Appuyez sur la touche SUPPR du clavier.

Imprimer un graphique dans une feuille séparé : Positionnez-vous dans la feuille contenant le graphique. Cliquer la commande **Édition/Supprimer une feuille**.

34.6 Modifier les éléments d'un graphique : Il est possible de modifier les différents éléments qui composent un graphique (titre, légende, courbes...). On peut ainsi changer la police de caractère, le style, la couleur, la taille...

Les éléments de graphique et le texte marqués avec les carrés de sélection noirs (appelés aussi poignées), peuvent être mis en forme avec des commandes et déplacés avec la souris. Pour modifier un élément du graphique, 2 solutions sont possibles :
- Soit à l'aide du menu **Graphique** ;
- Soit en double-cliquant l'élément à modifier. Un écran avec ses caractéristiques apparaît, il suffit alors de les modifier.

34.6.1 Le menu graphique : Lorsque vous êtes dans un graphique séparé ou qu'un graphique est actif (il actif quand on l'a cliqué et que ses poignées noires sont visibles sur le contour), les menus de la barre des menus changent. En effet, le menu **Graphique** apparaît. Il est composé de 5 commandes importantes :

La commande **Type de graphique** affiche le **premier écran de l'assistant graphique** et permet donc de modifier le type du graphique existant (histogramme, camembert...).

La commande **Données sources** affiché le **deuxième écran de l'assistant graphique**.

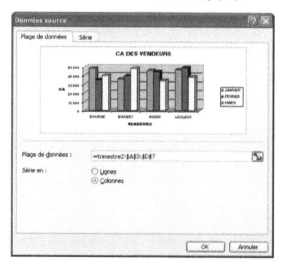

La commande **Options du graphique** affiche le **troisième écran de l'assistant graphique** et permet de modifier les titres, la légende...

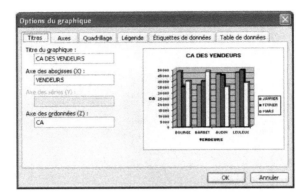

La commande **Emplacement** affiche de quatrième écran de l'assistant graphique et permet de séparer le graphique de la feuille de données ou de le placer dans la même feuille.

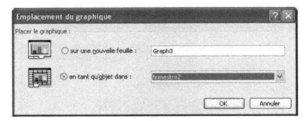

la commande **Ajouter des données** permet d'inclure de nouvelles données (ligne ou colonne de données en plus) du graphique déjà existant.

34.6.2 Ajouter des données a un graphique existant : Il est tout à fait possible d'ajouter des données à un graphique déjà créé sans avoir à le détruire et à la recommencer. On appelle par nouvelles données, une ligne ou une colonne supplémentaire ajoutée au tableau contenant les données de départ (cela peut être un nouveau vendeur, une nouvelle période par exemple). Il existe 2 méthodes pour ajouter les nouvelles données, celle du glisser-déplacer avec la souris et celle à l'aide du menu graphique.

34.6.2.1 La méthode du glisser-déplacer : Cette méthode est pratique pour les graphiques situes dans la même feuille que les données mais ne convient pas pour un graphique séparé.
- Saisissez les nouvelles données et sélectionnez-les.
- Cliquez sur le graphique pour le sélectionner. Les données du graphique apparaissent sous la forme d'une zone bleue dans le tableau.
- Avec la croix de recopie, sélectionnez les nouvelles données. Le graphique les prend en compte automatiquement.

34.6.2.2 La méthode par le menu :

34.6.2.2.1 Le graphique est placé dans la même feuille : Dans le cas d'un graphique situé dans la même feuille que ces données, le menu graphique n'est accessible que si le graphique est actif, c'est à dire qu'il a été cliqué et que ses poignées noires sont visibles sur le contour.
- Saisissez les nouvelles données dans le tableau.
- Activez le graphique.
- Cliquez la commande **Graphique / Ajouter des données**.
- Pour indiquer la plage donnée à ajouter, sélectionnez avec la souris les données à ajouter.
- Puis cliquer le bouton **OK**.

34.6.2.2.2 Le graphique est placé dans une feuille séparé :

- Saisissez les nouvelles données dans le tableau.
- Cliquez l'onglet de la feuille contenant le graphique afin que celui ci soit à l'écran.
- Cliquez la commande **Graphique / Ajouter les données**.
- Pour indiquer la plage de données à ajouter, cliquer l'onglet de la feuille contenant les données et sélectionnez la plage de cellules à ajouter.
- Cliquez le bouton **OK**. Une nouvelle fenêtre s'ouvre, cliques l'option **Nouveau point** puis **OK**.

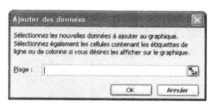

34.7 Réaliser une courbe de tendance :

Années	1998	1999	2000	2001	2002
Chiffre d'affaires	50 000	52 000	53 000	55 000	56 000

- Sélectionnez le tableau et cliquez sur l'icône « **Assistant graphique** ».
- Choisissez le type « **Nuage de points** ».
- Insérez une légende et nommez les axes.
- Une fois votre graphique terminé, faites un double-clic à l'intérieur pour pouvoir le modifier.
- Sélectionnez le nuage de points.
- Cliquez sur le **bouton droit de la souris** et sélectionnez **Ajouter une courbe de tendance**.
- Choisissez le type de tendance.

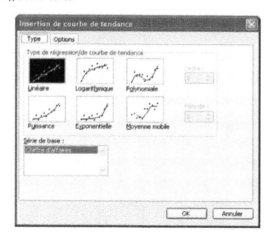

Possibilité de faire les simulations et d'afficher l'équation sur le graphique.

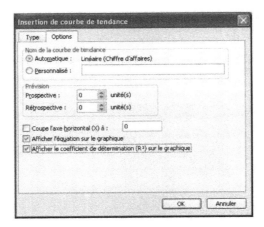

Vous obtenez :

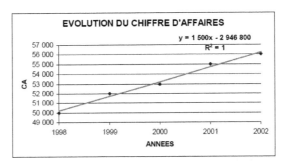

Si vous voulez faire apparaître les valeurs de chaque point, il faut sélectionner le nuage de points puis cliquer sur le bouton droit de la souris **Format de la série de données**. Il faut ensuite sélectionner l'onglet **Étiquettes de données** et cliquer sur **Afficher la valeur**.

35. Le solveur d'Excel : L'application solveur, intégrée à Microsoft Excel, permet d'effectuer des simulations. Il faut cependant modéliser le problème préalablement le problème sur une feuille de calcul. La modélisation du problème dans un classeur Excel est la partie la plus ardue ; si le problème est bien posé, l'utilisation du solveur est très simple. Consacrer le temps nécessaire à une analyse approfondie du problème avant de commencer à travailler

Le Solveur permet de trouver une valeur optimale pour une formule dans une cellule, appelée cellule cible, d'une feuille de calcul. Il fonctionne avec un groupe de cellules associées, soit directement, soit indirectement, à la formule de la cellule cible. Il adapte les valeurs des cellules à modifier, appelées cellules variables, pour fournir le résultat spécifié à partir de la formule de la cellule cible.

35.1 Ouverture et installation du Solveur : Le Solveur se trouve, à partir du menu principal d'Excel, sous l'onglet **Outils**, comme il est illustré ci-dessous.

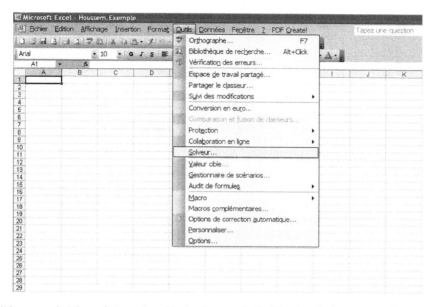

Si la commande Solveur n'est pas disponible dans le menu **Outils**, il faut installer la macro complémentaire Solveur en suivant la procédure suivante :

- Dans le menu **Outils**, cliquez sur Macros complémentaires (Voir la fenêtre ci-dessus).
- Dans la zone Macros complémentaires disponibles, il faut cocher la case située à côté du Solveur, puis il faut cliquer sur **OK**.

- Si nécessaire, il faut suivre les instructions du programme d'installation.

35.2 Utilisation du Solveur : Après avoir ouvert l'application, La fenêtre principale du Solveur devrait ensuite apparaître, identique à l'image ci-dessous.

35.2.1 Cellule cible à définir : Spécifie la cellule cible à laquelle l'on veut attribuer une valeur spécifique ou minimiser ou maximiser. Cette cellule doit contenir une formule. Pour ce faire, il faut cliquer sur 🔲 pour rechercher cette formule dans la feuille de travail. Après la sélection, il faut cliquer sur 🔲 pour revenir à la fenêtre principale.

35.2.2 Égale à : Indique si l'on veut minimiser, maximiser la cellule cible ou lui attribuer une valeur spécifique. Dans ce dernier cas, tapez la valeur souhaitée dans l'espace disponible à cet effet.

35.2.3 Cellules variables : Spécifie les cellules susceptibles d'être modifiées jusqu'à ce que les contraintes d'un problème soient satisfaites et que la cellule indiquée dans la zone Cellule cible à définir atteigne sa cible. Les cellules variables doivent être liées directement ou indirectement à la cellule cible par la formule inscrite dans celle-ci. Pour ce faire, il faut cliquer sur 🔲 pour rechercher cette formule dans la feuille de travail. Après la sélection, il faut cliquer sur 🔲 pour revenir à la fenêtre principale.

Le bouton **Proposer** aide à trouver les cellules variables en déterminant toutes les cellules dépourvues de formules auxquelles fait référence la formule figurant dans la zone Cellule cible à définir et place leurs références dans la zone Cellules variables.

35.2.4 Contraintes : Répertorie les restrictions courantes imposées au problème mathématique auquel doit se pencher le solveur.

Pour ajouter une contrainte Il faut cliquer sur **Ajouter**. La fenêtre illustrée ci-dessous devrait s'afficher :

Dans la zone **Cellule**, il faut entrer la référence de la cellule ou le nom de la plage de cellules dont la valeur doit être soumise à une contrainte. Pour ce faire, il faut cliquer sur 🔲 pour rechercher cette formule dans la feuille de travail. Après la sélection, il faut cliquer sur 🔲 pour revenir à la fenêtre principale.

Ensuite, par le menu déroulant situé au centre de la fenêtre, il faut cliquer sur la relation désirée : plus petit ou égal (<=), égal (=), plus grand ou égal (>=), ent (entier) ou bin (binaire) qui sera définie entre la cellule référencée et la contrainte. Si l'on clique sur ent, « entier » s'affiche dans la zone **Contrainte**. Si l'on clique sur bin, « binaire » s'affiche dans la zone **Contrainte**.

Dans la zone **Contrainte**, il faut entrer un nombre, une référence ou un nom de cellule ou bien une formule. Pour ce faire, il faut cliquer sur [image] pour rechercher cette formule dans la feuille de travail. Après la sélection, il faut cliquer sur [image] pour revenir à la fenêtre principale.

Pour accepter la contrainte ou en ajouter une autre, il faut cliquer sur **Ajouter**. Pour accepter la contrainte et revenir dans la boîte de dialogue Paramètres du solveur, il faut cliquer sur **OK**.

Pour modifier ou supprimer une contrainte Il faut cliquer sur la contrainte que vous souhaitez modifier ou supprimer dans la fenêtre principale du solveur. Ensuite, il faut cliquer sur **Modifier** pour apporter des modifications ou cliquer sur Supprimer pour l'éliminer du calcul.

35.2.5 Résoudre : Démarre le processus de résolution du problème défini. Une fenêtre s'affichera, effectuant des itérations jusqu'à ce que le solveur trouve une solution logique. Pour conserver les valeurs de la solution dans la feuille de calcul, il faut cliquer dans la boîte de dialogue *Résultat du solveur* sur **Garder la solution du solveur**. Dans le contraire, pour rétablir les données d'origine, il faut cliquer sur **Rétablir les valeurs d'origine**.

35.2.6 Options : Affiche la boîte de dialogue *Options du Solveur* dans laquelle vous pouvez charger et enregistrer des modèles de problème ainsi que contrôler des fonctionnalités avancées du processus de résolution affichées et expliquées ci-dessous.

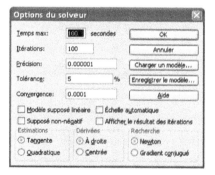

- **Durée de résolution et nombre d'itérations** : Dans la zone *Temps max*, il est possible de choisir la durée maximale en secondes autorisée pour le processus de résolution. Dans la zone *Itérations*, il est possible de choisir le nombre maximal d'itérations autorisées.

  Remarque : Si le processus de résolution atteint la durée maximale ou le nombre d'itérations maximal avant que le Solveur ait trouvé la solution, la boîte de dialogue Affichage d'une solution intermédiaire s'affiche.

- **Degré de précision :** Dans la zone Précision, il est possible d'ajuster le degré de précision souhaité : plus le nombre est petit, plus la précision est élevée.

- **Tolérance des nombres entiers :** Dans la zone Tolérance, il est possible d'ajuster le pourcentage d'erreur autorisé dans la solution.

- **Degré de convergence :** Dans la zone Convergence, il est possible de choisir le niveau de modifications relatives autorisé dans les cinq dernières itérations avant que le Solveur s'arrête pour proposer une solution : plus le nombre est petit, plus le niveau de modifications relatives permis est faible.

Il est aussi possible d'utiliser le bouton **Aide** dans la boîte de dialogue pour obtenir plus d'informations sur les autres options.

36. Les tableaux croisés dynamique : Les tableaux croisés dynamiques, vous permettent de composer rapidement un tableau synthèse provenant d'une masse de données. Comme le nom l'indique, Excel génère un tableau qui permet d'avoir le sommaire d'une ou de plusieurs variables à la fois. De plus, ce tableau est dynamique. Cela veut dire qu'il vous est possible d'ajouter, de retirer et de modifier la présentation du tableau.

Il est aussi possible d'accéder aux options de tableau croisé dynamique d'Excel à partir d'Access 97 ou 2000. Il suffit de créer un formulaire de tableau croisé dynamique à partir des tables de votre base de données. Au moment de vouloir modifier le formulaire, Access va ouvrir Excel et les options pour les tableaux croisés dynamiques. Le prochain exercice consiste à créer un tableau croisé dynamique qui offre le total des salaires selon le sexe et le poste que l'employé occupe dans l'entreprise.

36.1 Avant de créer un tableau : Avant de commencer, il faut une base de données. Il est possible de créer et de gérer des bases de données simples à partir d'Excel. Il y a certains termes que vous devez connaître.

Champ : Caractéristique sur une personne, une chose ou un événement qui doit être conservé dans une base de données.

Enregistrement : Série de champs qui décrivent une personne, une chose ou un événement.

Dans une base de données Excel, chaque colonne représente un champ. Le nom du champ doit être sur la première ligne. Chaque ligne suivante représente un enregistrement. Afin qu'Excel soit capable de reconnaître tous les enregistrements qui composent la base de données, il est important de ne pas laisser des lignes vides. Toutes les lignes après le nom des champs doivent avoir des enregistrements. La base de données suivante conserve des données sur les employés d'une entreprise.

	A	B	C	D	E	F	G
1	NAS	NOM	PRENOM	SEXE	TITRE	SALAIRE	CATÉGORIE
2	555 555 555	Thibault	Yvon	M	Administrateur	27 000 $	3
3	222 222 222	Dupuis	Josée	F	Vendeur	22 500 $	2
4	666 666 666	Smith	Alex	M	Vendeur	18 000 $	1
5	777 777 777	Crosby	Julian	M	Administrateur	27 000 $	3
6	888 888 888	Allard	Jocelyne	F	Secrétaire	27 000 $	3
7	111 111 111	Savoie	Jean	M	Vendeur	31 500 $	4
8	444 444 444	Bibeau	Martin	M	Secrétaire	22 500 $	2
9	999 999 999	Allard	Benoit	M	Ouvrier	22 500 $	2
10	333 333 333	Gingras	Marc	M	Administrateur	40 500 $	4
11	000 000 000	Lalonde	Karl	M	Ouvrier	31 500 $	4
12	123 456 789	St-Pierre	Aline	F	Secrétaire	22 500 $	2
13	249 456 456	Bibeau	Rita	F	Administrateur	27 000 $	3
14	343 456 987	Cardinal	Paul	M	Ouvrier	20 000 $	2
15	345 456 324	Thibault	Gratien	M	Administrateur	32 000 $	4
16	456 434 234	Dupuis	Carole	F	Vendeur	22 900 $	2

36.2 Création d'un tableau croisé dynamique :

- Placez le pointeur sur n'importe quelle cellule entre A1 et G16.
- Du menu Données, sélectionnez l'option Rapport de tableau croisé dynamique.

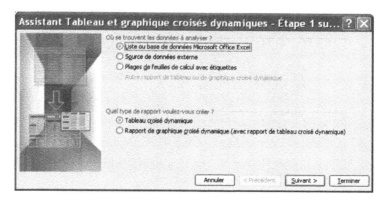

Excel vous demande où est située la source des données qui vont servir à composer le tableau croisé dynamique. Ces données peuvent provenir de quatre sources différentes.

Liste ou base de données Microsoft Excel : Les données proviennent d'une base de données Excel ou d'une série de cellules située sur une feuille de calcul d'Excel.

Source de données externes : Les données proviennent d'autres logiciels tels qu'Access, dBASE, FoxPro ainsi que plusieurs autres.

Plage de feuilles de calcul avec étiquette : Créer automatiquement un tableau après lui avoir déterminé la plage de cellules à utiliser. Il utilise le contenu de la première ligne et de la première colonne pour déterminer le nom des champs du tableau.

Autre tableau ou graphique croisé dynamique : Vous permettez d'approfondir des analyses sur des tableaux et graphiques dynamiques qui ont déjà été conçus.

Excel vous demande ensuite quel type de rapport que vous voulez: tableau ou graphique ? Cette version d'Excel permet non seulement de générer un tableau mais aussi un graphique dynamique.

- Pour les besoins de l'exercice, utilisez les mêmes options que sur le graphique ci-dessus (Base de données Excel et tableau).
- Appuyez sur le bouton Suivant.

Excel vous demande de confirmer l'endroit où sont situées les données dont vous avez besoin pour le tableau croisé dynamique.

- Assurez-vous que les cellules sélectionnées soient bien entre A1 et G16.
- Appuyez sur le bouton Suivant.

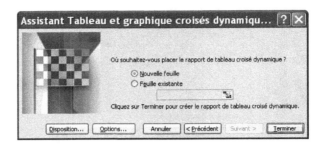

Excel vous demande ensuite où vous voulez conserver le tableau croisé dynamique. Est-ce sur une nouvelle feuille de calcul ou sur la même qu'en ce moment ?

- Pour les besoins de l'exercice, sélectionnez l'option Nouvelle feuille.

Vous pourriez appuyer sur le bouton Terminer et commencer à concevoir le tableau croisé dynamique. Mais auparavant, voyons les autres options offertes dans cette fenêtre.

- Appuyez sur le bouton Disposition.

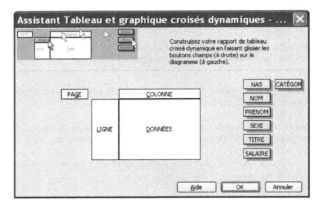

Cette fenêtre vous permet de concevoir immédiatement le tableau croisé dynamique. Vous pouvez placer les champs dont vous avez besoin dans quatre zones différentes: page, ligne, colonne et données.

Données : Cette zone affiche les résultats que vous voulez voir pour un champ. Par défaut, le tableau affiche la somme des valeurs si celui-ci composé de chiffres. S'il est composé de texte, le tableau va afficher le nombre d'enregistrement qui répond au critère.

Colonne : Affiche chacune des valeurs d'un champ dans sa propre colonne.

Ligne : Affiche chacune des valeurs d'un champ sur sa propre ligne.

Page : Permet de "filtrer" les valeurs du tableau par rapport aux valeurs d'un champ. Ceci permet de voir seulement les enregistrements qui répondent à un certain critère.

Cette présentation de l'option Disposition était seulement pour vous démontrer les éléments qui composent un tableau. La création du tableau et la description de toutes les options seront faits un peu plus loin sur cette page.

- Pour les besoins de la démonstration, appuyez sur le bouton Annuler.
- Appuyez sur le bouton Options.

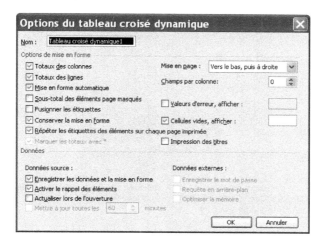

Cette fenêtre vous permet de personnaliser l'affichage de l'information dans le tableau. Vous pouvez décider d'activer ou non les totaux pour chacune des lignes et des colonnes du tableau. De plus, vous pouvez les changer à tout moment selon vos besoins.

36.3 Placer les champs : Excel a créé une nouvelle feuille de calcul avec la "coquille" d'un tableau croisé dynamique. Le début de la feuille démontre les quatre zones du tableau: page, ligne, colonne et données.

Il y a aussi la barre d'outils pour le tableau croisé dynamique qui devrait apparaître à côté de celui-ci. Voici ce que vous devez faire pour afficher la barre d'outils si vous ne la voyez pas.

- Du menu Affichage, sélectionnez l'option Barre d'outils.
- De la liste des barres d'outils disponibles, sélectionnez l'option Tableau croisé dynamique.

Il est possible aussi que vous ne voyiez pas la liste des champs qui compose la base de données. Pour l'afficher, placez le pointeur n'importe où à l'intérieur du tableau croisé dynamique.

- De la liste de champs de tableau croisé dynamique, sélectionnez le champ Salaire.
- De la liste des zones du tableau, sélectionnez la zone de données.
- Appuyez sur le bouton **Ajouter à**.

OU :

- En gardant un doigt sur le bouton gauche de la souris, déplacez le champ dans la zone de données.
- Relâchez le bouton de la souris dès que le carré pour le champ Salaire est par-dessus la zone de données.

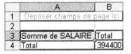

Le tableau indique maintenant que le total de tous les salaires de l'entreprise est de 394 400 $. La prochaine étape consiste à répartir ce montant par occupation dans l'entreprise.

- De la barre d'outils Tableau croisé dynamique, sélectionnez le champ Titre.
- De la liste des zones du tableau, sélectionnez la zone de colonnes.
- Appuyez sur le bouton Ajouter à.

OU :

- En gardant un doigt sur le bouton gauche de la souris, déplacez le champ dans la zone de colonnes.
- Relâchez le bouton de la souris dès que le carré pour le champ Titre est par-dessus la zone de colonnes.

Le tableau affiche maintenant le total des salaires par occupation (titre: Administrateur, Ouvrier ...) toujours avec le total de 394 400 $. Le tableau affiche chacune des valeurs du champ **Titre** avec le total des salaires pour celui-ci. L'étape suivante consiste à répartir le total des salaires par titre et par sexe.

- De la barre d'outils Tableau croisé dynamique, sélectionnez le champ Sexe.
- En gardant un doigt sur le bouton gauche de la souris, déplacez le champ dans la zone de colonnes.
- Relâchez le bouton de la souris dès que le carré pour le champ Titre est par-dessus la zone de colonnes.

	A	B	C	D
1				
2				
3	Somme de SALAIRE	TITRE ▼	SEXE ▼	
4		Administrateur		Total Administrateur
5		F	M	
6	Total	27000	126500	153500

Le champ **Sexe** va être automatiquement placé devant le champ **Titre**. À cause de la longueur du tableau, seulement une partie est affichée à l'image ci-dessus. Il est possible aussi de changer l'ordre de présentation des champs. La prochaine opération consiste à donner la priorité au champ **Titre** par-dessus **Sexe**.

- Placez le pointeur par-dessus le champ Titre de la zone des colonnes du tableau croisé dynamique.
- En gardant un doigt sur le bouton gauche de la souris, déplacez le champ Titre devant le champ Sexe.
- Une fois devant le champ Sexe, relâchez le bouton de la souris.

Voici les mêmes informations que le tableau précédent mais affiché de manière différente. Les totaux des salaires pour les administratrices de l'entreprise sont toujours de 27 000 $ tandis que les hommes ont 126 500 $. Cependant, les informations sont maintenant regroupées par occupation et ensuite par le sexe. La prochaine opération va afficher les informations d'une manière un peu plus simple à comprendre.

- Placez le pointeur par-dessus le champ Titre de la zone des colonnes du tableau croisé dynamique.
- En gardant un doigt sur le bouton gauche de la souris, déplacez le champ Titre dans la zone des lignes du tableau croisé dynamique (par-dessus Somme de la ligne).
- Une fois le champ est dans la zone des lignes, relâchez le bouton de la souris.

	A	B	C	D
1		Déposer champs de page ici		
2				
3	Somme de SALAIRE	SEXE ▼		
4	TITRE ▼	F	M	Total
5	Administrateur	27000	126500	153500
6	Ouvrier		74000	74000
7	Secrétaire	49500	22500	72000
8	Vendeur	45400	49500	94900
9	Total	121900	272500	394400

Bien qu'il s'agisse des mêmes montants que les deux tableaux précédents, les résultats sont plus clairs.

36.4 Voir les données : Excel vous permet de voir les enregistrements qui composent les résultats du tableau. La prochaine partie consiste à voir quels sont les enregistrements du total des administrateurs (153 500 $).

- Placez le pointeur sur la cellule contenant le total des administrateurs (153 500 $).
- Faites un double-clic sur la cellule.

	A	B	C	D	E	F	G
1	NAS	NOM	PRENOM	SEXE	TITRE	SALAIRE	CATÉGORIE
2	249456456	Bibeau	Rita	F	Administrateur	27000	3
3	555555555	Thibault	Yvon	M	Administrateur	27000	3
4	345456324	Thibault	Gratien	M	Administrateur	32000	4
5	777777777	Crosby	Julian	M	Administrateur	27000	3
6	333333333	Gingras	Marc	M	Administrateur	40500	4

Une nouvelle feuille de calcul va être créée avec les enregistrements qui correspondent au total des administrateurs. Vous pouvez refaire la même chose pour toutes les cellules du tableau croisé dynamique.

36.5 Filtrer sur les champs : La prochaine opération est pour vous permettre de "filtrer" les valeurs dont vous avez besoin. Elle consiste à déterminer le total des salaires mais seulement pour les femmes. Le tableau croisé dynamique vous permet de "masquer" ou de cacher les valeurs dont vous n'avez pas besoin. Dans ce cas, il faut cacher les hommes. À la droite du champ Sexe, cliquez sur le bouton avec un triangle pointant vers le bas. Pour l'exemple, il y a seulement deux valeurs possibles: F ou M.

Le tableau croisé dynamique vous affiche une liste de valeurs qui sont dans les enregistrements.

- Désélectionnez la case **M** parmi les valeurs possibles.
- Appuyez sur le bouton **OK**.

	A	B	C
1			
2			
3	Somme de SALAIRE	SEXE	
4	TITRE	F	Total
5	Administrateur	27000	27000
6	Secrétaire	49500	49500
7	Vendeur	45400	45400
8	Total	121900	121900

Ce nouveau tableau affiche le total des salaires pour toutes les femmes de l'entreprise. Remarquez que la valeur "M" n'est pas affichée au tableau. Réactivez la sélection **M** pour le champ **Sexe**.

Mais il y a une autre façon de filtrer les informations. C'est en plaçant un champ dans la zone de pages.

- De la liste de champs de tableau croisé dynamique, sélectionnez le champ **Catégorie**.
- De la liste des zones du tableau, sélectionnez la **zone de pages**.
- Appuyez sur le bouton **Ajouter à**.

OU :

- En gardant un doigt sur le bouton gauche de la souris, déplacez le champ **Catégorie** dans la zone de pages du tableau croisé dynamique.
- Une fois le champ est dans la zone de pages, relâchez le bouton de la souris.

Puisque le champ catégorie est la zone de pages, il vous est possible de filtrer toutes les informations du tableau. Le prochain exercice consiste à montrer les valeurs des employés qui sont de la catégorie 3.

Cliquez sur le bouton avec un triangle pointant vers le bas à la droite du champ **Catégorie**.

- De la liste des valeurs possibles, sélectionnez la valeur **3**.
- Appuyez sur le bouton **OK**.

Voici le tableau du total des salaires pour tous les employés qui sont dans la catégorie 3. Ceci démontre qu'il est possible de filtrer les enregistrements qui composent le tableau croisé dynamique sur les champs qui le composent; qu'il soit placé dans la zone de ligne, la zone de colonnes ou la zone de pages. Replacez le filtre pour le champ catégorie à **Tous**.

36.6 Les options de la barre d'outils : La barre d'outils tableau croisé dynamique offre d'autres options pour changer la présentation de l'information. Cette prochaine partie vous décrit ces options et leur fonctionnement. Vous avez ci-dessous une image composée de toutes les options du tableau croisé dynamique.

36.7 Option mètre en forme le rapport : Vous avez créé un tableau croisé dynamique avec les champs et les critères dont vous avez besoin. Cette option vous permet d'améliorer la présentation de votre tableau. Appuyez sur le bouton 🔲.

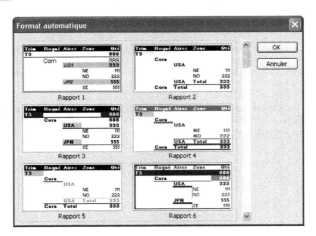

Il est possible de changer la présentation du tableau en sélectionnant l'un des formats prédéterminés. Vous pouvez changer d'avis en tout temps et prendre un format qui répond mieux à vos besoins. Pour les besoins de l'exercice, ne changez pas la présentation. Appuyez sur le bouton **Annuler**.

36.8 Option graphique croisée dynamique : Il y a des situations où il est préférable de représenter une masse de données sous forme de graphique. Comme mentionné à quelques occasions sur ce site, il est avantageux d'utiliser un graphique pour :

- Pour simplifier l'analyse d'une masse de données.
- Pour ressortir rapidement les tendances des séries de données.
- Pour pouvoir comparer les données.
- Pour ressortir des proportions.

Appuyez sur le bouton 🏛, une première fois.

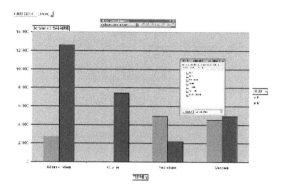

Excel va automatiquement générer un graphique de type histogramme. Ce graphique représente le total des salaires selon l'occupation et le sexe des employés de l'entreprise. Vous pouvez changer la présentation de ce graphique comme vous le feriez pour n'importe quel autre graphique. En plus, puisque c'est un graphique dynamique, il est possible de changer la présentation des données selon les champs qui ont été choisis.

Appuyez sur le bouton 🏛, une seconde fois. Ceci active l'assistant pour générer des graphiques. Il passe à travers les mêmes étapes que lors de la création d'un graphique avec des données de votre feuille de calcul. Puisqu'il y a déjà sur ce site une page Web qui explique les graphiques avec Excel, nous allons passer rapidement à la prochaine option.

Appuyez sur le bouton **Terminer**.

36.9 Option assistant tableau croisée dynamique : Cette option permet de changer la disposition des champs dans le tableau croisé dynamique. Cette partie du texte va démontrer qu'il est possible de changer la présentation en ajoutant les champs Nom et Prénom à la zone des lignes. Ceci est aussi nécessaire pour pouvoir vous démontrer le fonctionnement de la prochaine option.

Assurez-vous de placer le pointeur à l'intérieur du tableau croisé dynamique.

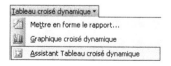

De la barre d'outils du tableau croisé dynamique, sélectionnez l'option **Assistant tableau croisé dynamique**.

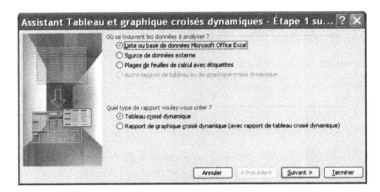

L'assistant va recommencer les étapes pour créer un tableau ou graphique dynamique si le pointeur était à l'extérieur du tableau. Sinon, il va afficher immédiatement la troisième étape qui consiste à changer les options du tableau et de son emplacement dans le classeur.

- Appuyez sur le bouton **Disposition**.
- Déplacez le champ **Nom** en dessous du champ **Titre** de la zone des lignes.
- Déplacez le champ **Prénom** en dessous du champ **Nom** de la zone des lignes.

Le résultat devrait ressembler à ceci.

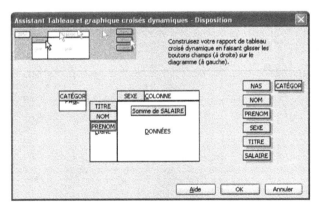

- Appuyez sur le bouton **OK**.
- Appuyez sur le bouton **Terminer**.

Voici une partie du nouveau tableau qui affiche maintenant dans la zone des lignes les champs **Titre**, **Nom** et **Prénom**.

	A	B	C	D	E	F
1	CATÉGORIE	(Tous) ▾				
2						
3	Somme de SALAIRE			SEXE ▾		
4	TITRE ▾	NOM ▾	PRÉNOM ▾	F	M	Total
5	Administrateur	Bibeau	Rita	27000		27000
6		Total Bibeau		27000		27000
7		Crosby	Julian		27000	27000
8		Total Crosby			27000	27000
9		Gingras	Marc		40500	40500
10		Total Gingras			40500	40500
11		Thibault	Gratien		32000	32000
12			Yvon		27000	27000
13		Total Thibault			59000	59000
14	Total Administrateur			27000	126500	153500

36.10 Option actualiser les données : Cette option vous permet de remettre à jour les données du tableau croisé dynamique après avoir fait une mise à jour dans la base de données.

- Placez le pointeur dans la feuille de calcul avec la base de données.
- Placez le pointeur dans la cellule **F11** (salaire de Karl Lalonde).
- Changer le salaire de **31 500 $** à **37 100 $**.
- Retourner à la feuille de calcul ayant le tableau croisé dynamique.

- Appuyez sur le bouton ⚡.

21	Total Ouvrier			79600	79600
37	Total		121900	278100	400000

La somme partielle pour les ouvriers ainsi que le total des salaires devrait avoir changé à 79 600 $ et 400 000 $ respectivement.

36.11 Option masquer et afficher les détails : Il est possible d'avoir dans une zone plusieurs champs pour mieux décrire les valeurs. Ces options permettent d'afficher ou de masquer les valeurs des champs qui sont à la droite du champ sélectionné. Si vous ne l'avez pas fait, ajoutez les champs Nom et Prénom à la zone des lignes.

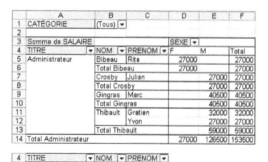

	A	B	C	D	E	F
1	CATÉGORIE	(Tous) ▾				
2						
3	Somme de SALAIRE			SEXE ▾		
4	TITRE ▾	NOM ▾	PRÉNOM ▾	F	M	Total
5	Administrateur	Bibeau	Rita	27000		27000
6		Total Bibeau		27000		27000
7		Crosby	Julian		27000	27000
8		Total Crosby			27000	27000
9		Gingras	Marc		40500	40500
10		Total Gingras			40500	40500
11		Thibault	Gratien		32000	32000
12			Yvon		27000	27000
13		Total Thibault			59000	59000
14	Total Administrateur			27000	126500	153500

4	TITRE ▾	NOM ▾	PRÉNOM ▾

- Placez le pointeur sur le champ **Nom**.
- Appuyez sur le bouton ▤.

36.12 Ajouter un champ a la zone de données : L'un des derniers exercices à démontrer qu'il est possible d'ajouter plusieurs champs dans la même zone. Cette partie va ajouter un même champ dans la même zone. Cependant, ils ne vont pas afficher la même chose. Le premier va afficher le nombre de personnes dans cette catégorie et le second va démontrer le total des salaires.

- De la liste de chanps de tableau croisé dynamique, sélectionnez le champ Salaire.
- De la liste des zones du tableau, sélectionnez la zone de données.
- Appuyez sur le bouton Ajouter à.

OU :

- En gardant un doigt sur le bouton gauche de la souris, déplacez le champ dans la zone de données.
- Relâchez le bouton de la souris dès que le carré pour le champ Salaire est par-dessus la zone de données.

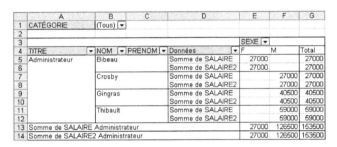

36.13 Changer les paramètres des champs : Dans le tableau précédent, il y a présentement deux fois le total des salaires dans la zone des données. La prochaine partie consiste à changer les propriétés, les caractéristiques, ou les paramètres comme l'indique Excel, d'un champ pour ressortir le potentiel du tableau croisé dynamique.

- Cliquez sur l'une des cases ayant le texte **Somme SALAIRE**.

- Appuyez sur le bouton 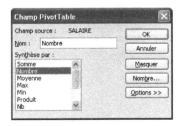.

- Changez le nom du champ de **Somme SALAIRE** à **Nombre**.
- Changez l'option de synthèse à **Nombre**.
- Appuyez sur le bouton **OK**.

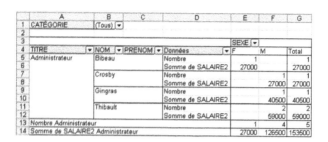

	A	B	C	D	E	F	G
1	CATÉGORIE	(Tous) ▼					
2							
3					SEXE ▼		
4	TITRE ▼	NOM ▼	PRENOM ▼	Données ▼	F	M	Total
5	Administrateur	Bibeau		Nombre	1		1
6				Somme de SALAIRE2	27000		27000
7		Crosby		Nombre		1	1
8				Somme de SALAIRE2		27000	27000
9		Gingras		Nombre		1	1
10				Somme de SALAIRE2		40500	40500
11		Thibault		Nombre		2	2
12				Somme de SALAIRE2		59000	59000
13	Nombre Administrateur				1	4	5
14	Somme de SALAIRE2 Administrateur				27000	126500	153500

Ce champ affiche maintenant le nombre de personnes dans cette catégorie au lieu du total du salaire. Il vous est possible de changer à tout moment l'option de synthèse à l'une parmi la liste suivante:

Somme : Affiche la somme de toutes les valeurs de ce champ.

Nbval : Affiche le nombre d'enregistrements dans cette catégorie.

Moyenne : Affiche la moyenne de toutes les valeurs de ce champ.

Max : Affiche la plus grande valeur du champ.

Min : Affiche la plus petite valeur du champ.

Produit : Affiche la multiplication de toutes les valeurs du champ.

Nb : Affiche le nombre d'enregistrements dans cette catégorie.

Ecartype : Affiche l'écart type du champ.

Ecartypep : Affiche l'écart type d'une population.

Var : Affiche la variance du champ.

Varp : Affiche la variance d'une population.

La fenêtre des paramètres du champ vous offre aussi d'autres options telles que démontrées dans la prochaine partie.

- Cliquez sur l'une des cases **Somme SALAIRE2**.
- Appuyez sur le bouton .

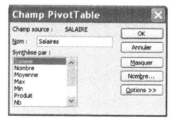

- Changez le nom du champ de Somme **SALAIRE2** à **Salaires**.

- Appuyez sur le champ **Nombre**.

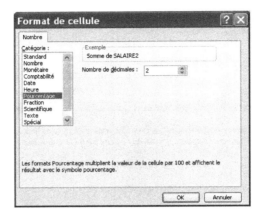

L'option nombre vous permet de changer la présentation des valeurs du champ. C'est la même chose que les options **Format**, **Cellule** et **Nombre** pour une cellule du classeur. Mais ceci affecte un champ au lieu d'une cellule.

- Parmi la liste des catégories, sélectionnez le champ **Pourcentage**.
- Appuyez sur le bouton **OK**.
- Appuyez sur le champ **Options**.

Un autre élément puissant des paramètres des champs est qu'il vous est possible d'afficher les valeurs par rapport à autre chose. Dans ce cas, nous allons demander d'afficher la valeur de champ par rapport au total des salaires.

- Parmi les modes d'affichages, sélectionnez **% du total**.
- Appuyez sur le bouton **OK**.

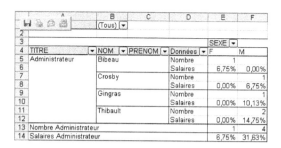

Le tableau change de nouveau de forme pour montrer le nombre de personnes, par sexe, ainsi que leur pourcentage de salaire par rapport à la somme globale des salaires.

36.14 Grouper les valeurs : Ceci vous permet de regrouper des valeurs d'un champ. Par exemple, on peut regrouper les employés qui sont au siège social (administrateurs et secrétaires) de ceux qui sont "sur le terrain" (vendeur et ouvrier). La prochaine partie consiste justement à créer ces deux groupes.

- De la zone des lignes cliquez dans la case où il est écrit **Administrateur**.
- En gardant un doigt sur la touche **CTRL**, cliquez sur la case où il est écrit **Secrétaire**.

La touche CTRL vous permet de sélectionner plusieurs valeurs pour ensuite être capable de les regrouper.

- Appuyez sur le bouton droit de la souris.

Ce menu contextuel vous montre plusieurs des options que vous avez vues auparavant. Il est par moments plus facile d'utiliser le bouton droit de la souris que d'avoir à constamment retourner à la barre d'outils Tableau croisé dynamique. Il faut cependant maîtriser ces options avant de pouvoir les utiliser dans ce menu. Il y a cependant une option qui n'est pas ailleurs; celle de regrouper les valeurs d'un champ.

- Du menu contextuel, sélectionnez les options **Grouper et afficher le détail** et **Grouper**.

Vous remarquerez qu'un nouveau champ s'est ajouté à la zone des lignes: **Titre2**.

	A	B	C	D	E	F	G	H
1	CATÉGORIE	(Tous) ▼						
2								
3						SEXE ▼		
4	TITRE2 ▼	TITRE ▼	NOM ▼	PRENOM ▼	Données ▼	F	M	Total
5	Groupe1	Administr	Bibeau		Nombre	1		1
6					Salaires	6,75%	0,00%	6,75%
7			Crosby		Nombre		1	1
8					Salaires	0,00%	6,75%	6,75%
9			Gingras		Nombre		1	1
10					Salaires	0,00%	10,13%	10,13%
11			Thibault		Nombre		2	2
12					Salaires	0,00%	14,75%	14,75%
13		Nombre Administrateur				1	4	5
14		Salaires Administrateur				6,75%	31,63%	38,38%
15		Secrétaire	Allard		Nombre	1		1
16					Salaires	6,75%	0,00%	6,75%
17			Bibeau		Nombre		1	1
18					Salaires	0,00%	5,63%	5,63%
19			St-Pierre		Nombre	1		1
20					Salaires	5,63%	0,00%	5,63%
21		Nombre Secrétaire				2	1	3
22		Salaires Secrétaire				12,38%	5,63%	18,00%

Regroupez ensuite les valeurs **ouvrier** et **vendeur** ensemble.

- De la zone des lignes cliquez dans la case où il est écrit **Vendeur**.
- En gardant un doigt sur la touche **CTRL**, cliquez sur la case où il est écrit **Ouvrier**.
- Appuyez sur le bouton droit de la souris.
- Du menu contextuel, sélectionnez les options **Grouper et afficher le détail** et **Grouper**.

Il y a maintenant deux regroupements: groupe1 et groupe2. La prochaine partie consiste à améliorer un peu la présentation de ces groupes en changeant les noms du champ et des valeurs.

36.15 Changer le nom d'une cellule :

- Placez le pointeur dans la cellule **Groupe1**.
- Cliquez dans la zone des formules.
- Changez le nom à **Administration**.

OU :

- Appuyez sur la touche **F2**.
- Changez le nom à **Administration**.
- Placez le pointeur dans la cellule **Groupe2**.
- Cliquez dans la zone des formules.
- Changez le nom à **Terrain**.

OU :

- Appuyez sur la touche **F2**.
- Changez le nom à **Terrain**.

Il reste qu'à changer le nom du champ Titre2 à Regroupement.

- Placez le pointeur sur le champ Regroupement.
- Appuyez sur le bouton .
- Changez le nom du champ de **Titre2** à **Regroupement**.

L'employeur a besoin d'une synthèse qui n'inclut pas les champs Titre, Nom et Prénom. On pourrait retirer les champs inutiles. Mais nous allons simplement les masquer pour l'instant.

- Placez le pointeur sur la cellule ayant le texte **Administration**.
- Appuyez sur le bouton ⬚.
- Placez le pointeur sur la cellule ayant le texte **Terrain**.
- Appuyez sur le bouton ⬚.

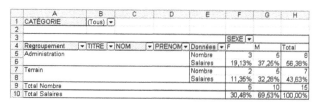

	A	B	C	D	E	F	G	H
1	CATÉGORIE	(Tous) ▼						
2								
3						SEXE ▼		
4	Regroupement	▼ TITRE ▼ NOM		▼ PRENOM ▼	Données ▼	F	M	Total
5	Administration				Nombre	3	5	8
6					Salaires	19,13%	37,25%	56,38%
7	Terrain				Nombre	2	5	7
8					Salaires	11,35%	32,28%	43,63%
9	Total Nombre					5	10	15
10	Total Salaires					30,48%	69,53%	100,00%

Voici un tableau intéressant ayant plusieurs données représentées de différentes manières. Il affiche le nombre de personnes qui travaillent au siège social et la proportion de la masse salariale qu'il représente. Mais il y a encore plus.

36.16 Création d'un champ calcule : Le tableau croisé dynamique vous permet en plus d'ajouter des champs calculés. Ceci vous permet de ressortir de l'information à partir des données du tableau. Par exemple, peut-être que vous voudriez savoir le total des ventes des vendeurs même si on a seulement les montants par produits de l'entreprise. Il serait possible de créer un champ calculé qui additionne le montant de ces produits vendus par vendeur. Voici un autre exemple. En plus des informations fournies dans le dernier tableau, l'employeur voudrait savoir à combien revient sa contribution à divers programmes tels que les assurances et le régime de retraite parmi d'autres. Cette contribution est égale à 50 % du salaire des employés. La prochaine partie consiste à ajouter un champ calculé qui calcule ce montant selon le salaire des employés.

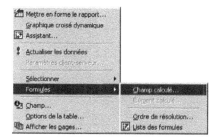

- Placez le pointeur sur le tableau croisé dynamique.
- De la barre d'outils pour le tableau croisé dynamique, sélectionnez les options **Formules** et **Champ calculé**.

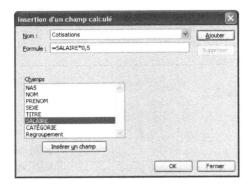

- Dans la case **Nom**, écrivez **Cotisation**.
- De la liste des champs, cliquez sur **SALAIRE**.
- Appuyez sur le bouton **Insérer un champ**.
- Cliquez dans la case **Formule**.
- Placez le pointeur après **=SALAIRE**.
- Ajoutez à la formule ***0,5**.
- Appuyez sur le bouton **OK**.

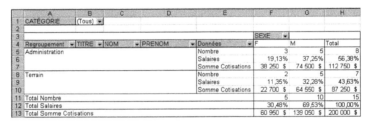

	A	B	C	D	E	F	G	H
1	CATÉGORIE	(Tous) ▼						
2								
3						SEXE ▼		
4	Regroupement ▼	TITRE ▼	NOM ▼	PRENOM ▼	Données ▼	F	M	Total
5	Administration				Nombre	3	5	8
6					Salaires	19,13%	37,25%	56,38%
7					Somme Cotisations	38 250 $	74 500 $	112 750 $
8	Terrain				Nombre	2	5	7
9					Salaires	11,35%	32,28%	43,63%
10					Somme Cotisations	22 700 $	64 550 $	87 250 $
11	Total Nombre					5	10	15
12	Total Salaires					30,48%	69,53%	100,00%
13	Total Somme Cotisations					60 950 $	139 050 $	200 000 $

36.17 Disposition des champs : Le dernier tableau donne les informations voulues par l'employeur. Cependant, il est possible d'améliorer la disposition des champs. En clair, faire un petit nettoyage avant de remettre le rapport. La prochaine partie consiste à placer les données des cotisations justes après le nombre de personnes par regroupement et de retirer de la zone des lignes les champs Titre, Nom et Prénom.

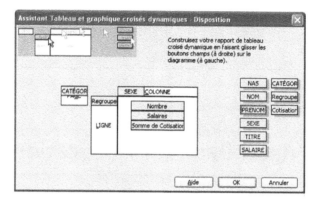

- Placez le pointeur sur le tableau.
- De la barre d'outils du tableau croisé dynamique, sélectionnez l'option **Assistant tableau croisé dynamique**.
- Appuyez sur le bouton **Disposition**.

Pour changer l'ordre des données.

- Placez le pointeur sur le champ calculé **Somme Cotisations** de la zone des données.
- En gardant un doigt sur le bouton gauche de la souris, déplacez le champ entre **Nombre** et **Salaires**.
- En fois que le pointeur est entre les deux, relâchez le bouton de la souris.

Pour retirer des champs du tableau.

- Placez le pointeur le sur le champ **Titre** de la zone des lignes.
- En gardant un doigt sur le bouton gauche de la souris, déplacez le champ à l'extérieur des zones du tableau.
- Une fois que le pointeur est sorti du tableau, relâchez le bouton de la souris.
- Répétez ces dernières opérations pour les champs **Nom** et **Prénom**.
- Appuyez sur le bouton **OK**.
- Appuyez sur le bouton **Terminer**.

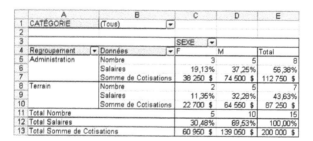

Partie 02

Visual Basic for Application

Partie 02

Visual Basic for Application

1. L'algorithmique :

1.1 Définition d'un algorithme : C'est un ensemble de règles opératoires rigoureuses, ordonnant à un processeur d'exécuter dans un ordre déterminé un nombre fini d'opérations élémentaires ; il oblige à une programmation structurée.

Un algorithme est écrit en utilisant un langage de description d'algorithme (LDA). L'algorithme ne doit pas être confondu avec le programme proprement dit.

1.2 Le langage de description d'algorithme : Ce langage utilise un ensemble de mots clés et de structures permettant de décrire de manière complète, claire, l'ensemble des opérations à exécuter sur des données pour obtenir des résultats ; on n'hésitera donc pas à agrémenter l'algorithme de nombreux commentaires.

L'avantage d'un tel langage est de pouvoir être facilement transcrit dans un langage de programmation structuré (VBA, Pascal, C++, Java, ...).

1.3 Structure d'un algorithme :

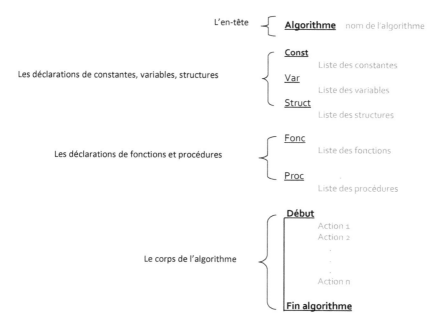

- **L'en-tête :** Il permet tout simplement d'identifier un algorithme.
- **Les déclarations :** C'est une liste exhaustive des objets, grandeurs utilisés et manipulés dans le corps de l'algorithme ; cette liste est placée en début d'algorithme.
- **Le corps :** Dans cette partie de l'algorithme, sont placées les tâches (instructions, opérations...) à exécuter.

2. Visual Basic for Applications (VBA) :

2.1 Définition : est un langage de développement calqué sur Visual Basic (VB) qui est intégrée dans toutes les applications de Microsoft Office, dans quelques autres applications Microsoft comme Visio et au moins partiellement dans quelques autres applications comme AutoCAD et WordPerfect. Il remplace et étend les capacités des langages macro spécifiques aux plus anciennes applications comme le langage WordBasic intégré à une ancienne version du logiciel Word, et peut être utilisé pour contrôler la quasi-totalité de l'IHM des applications hôtes, ce qui inclut la possibilité de manipuler les fonctionnalités de l'interface utilisateur comme les menus, les barres d'outils et le fait de pouvoir personnaliser les boîtes de dialogue et les formulaires utilisateurs.

2.2 Visual Basic Editor (VBE) : est l'environnement de programmation intégré dans les applications Office. Il permet de visualiser, de gérer les programmes VBA, d'écrire, de modifier et de déboguer les macros existantes, et pour faire apparaître la fenêtre principale de VBE il faut cliquer sur le menu **Outils** puis sur la commande **Macro** puis sur la sous commande **Visual Basic Editor**.

2.2.1 La fenêtre de projets : ou l'explorateur de projets est permet de naviguer dans les différents endroits pouvant contenir du code VBA Excel, c'est à dire les différents emplacements où il vous est possible de sauvegarder le code que vous allez écrire.
Vos choix:

- **Un classeur Excel :** le code VBA est sauvegardé avec le classeur. Si vous copiez le classeur, il est copié avec. Si vous supprimez le classeur, il est supprimé.

- **Le classeur de macros personnelles :** le code VBA est sauvegardé dans le classeur personal.xlsb de l'ordinateur, ET NON DANS LE CLASSEUR ACTIF. Comme personal.xlsb est automatiquement chargé

---

lors du démarrage d'Excel sur un ordinateur, les programmes VBA sauvegardés dans le classeur personal.xlsb de cet ordinateur sont disponibles dans tous les classeurs ouverts sur ce même ordinateur. Ce choix est utile aux programmeurs expérimentés et aux administrateurs de parcs d'ordinateurs. Il est déconseillé aux programmeurs amateurs.

Dans un classeur Excel, vous devez choisir un des endroits suivants:

- **Une feuille de ce classeur :** Cet emplacement déconseillé.
- **Le classeur lui-même (ThisWorkbook) :** Il est utilisé pour enregistrer les programmes déclenchés par des événements de classeur (ouverture, fermeture, modification de cellule...).
- **Un module :** Il est utilisé pour enregistrer les programmes utilisés dans le classeur ou par les autres programmes du classeur.
- **Un formulaire :** Il est utilisé pour enregistrer les programmes déclenchés par les événements du formulaire.

Tous ces emplacements peuvent contenir du code VBA Excel.

En pratique, vous utiliserez le plus souvent les endroits suivants:

- Un module dans un classeur Excel.
- Un formulaire dans un classeur Excel.

2.2.2 La fenêtre du code : ou fenêtre formulaire. C'est dans cette fenêtre qu'on crée/édite le code VBA. La fenêtre code offre les fonctionnalités d'éditeur habituelles pour créer/éditer du code VBA.

- Les mots réservés VBA sont bleus.
- Les commentaires sont verts.
- Les lignes erronées sont rouges.

2.2.3 La fenêtre de propriétés : ou l'explorateur d'objets, sert principalement à :

- Renommer les modules et formulaires.
- Modifier les propriétés des contrôles (objets) de formulaires

2.2.4 La fenêtre d'exécution : Cette fenêtre permet d'exécuter une ligne de code VBA en dehors d'un module.

2.2.5 Fenêtre de variables locales : Cette fenêtre affiche la liste des variables locales du module en cours d'exécution (mode débogage) et permet d'en connaître la valeur et le type.

2.2.6 Fenêtre Espions : Cette fenêtre affiche la valeur de variables choisies, en mode débogage. À la différence de la Fenêtre variables locales, il est possible de s'y faire afficher la valeur de n'importe quelle variable, locale ou non.

2.2.7 Fenêtre Recherche (Aide) : Cette fenêtre donne accès à l'aide VBA locale et en ligne, et affiche le résultat d'une recherche. Pour afficher la fenêtre Recherche, faites une recherche dans la zone de texte déroulante Taper une question de la barre de menus (en haut à droite de la fenêtre VBA).

Vous pouvez également démarrer l'aide contextuelle à partir de la fenêtre de code, en utilisant la touche F1, dont le principal défaut est l'absence d'outil de recherche.

3. Déclaration de constantes, de variables et de structures :

3.1 Les constantes : Elles représentent des chiffres, des nombres, des caractères, des chaînes de caractères, ..., dont la valeur ne peut pas être modifiée au cours de l'exécution de l'algorithme.

- **En Algorithmique :**

        Const   A ← 5

- **En VBA :**

        Const   A = 5

← : symbole d'affectation (ou assignation). L'affectation se fait toujours en deux temps :

1. Évaluation de l'expression située à droite du symbole

2. Affectation du résultat à l'identificateur de variable

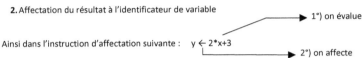

Ainsi dans l'instruction d'affectation suivante :   y ← 2*x+3

1°) on évalue

2°) on affecte

3.2 Les variables : Elles peuvent stocker des chiffres des nombres, des caractères, des chaînes de caractères,... dont la valeur peut être modifiée au cours de l'exécution de l'algorithme.

- **En Algorithmique :**

        Var   A : Entier

- **En VBA :**

        Dim   A As : Byte

Les constantes et les variables sont définis dans la partie déclarative par deux caractéristiques essentielles, à savoir :

- L'identificateur : c'est le nom de la variable ou de la constante. Il est composé de lettres et de chiffres.
- Le type : il détermine la nature de la variable ou de la constante (entier, réel, booléen, chaîne de caractères...).

3.3 Les structures : Elles permettent de rassembler plusieurs variables ou constantes sous un même identificateur ; on parle aussi d'entités ou d'objets.

- **En Algorithmique :**

        Struct   Personne
          nom : Chaîne
          prénom : Chaîne
          age : Entier
        FinStruct

- **En VBA :**

        Type Personne
        nom As String
        prenom As String
        age As Byte
        End Type

---

4. Les types de base : Nous avons vu qu'une des deux caractéristiques des constantes et des variables était leur type. Nous considérerons cinq types de base :

4.1 L'entier :

- **En Algorithmique :**

    Entier

- **En VBA :**

    Byte [0, 255]
    Integer [-32768, +32767]
    Long [-2147483648, +2147483647]

4.2 Le réel :

- **En Algorithmique :**

    Réel

- **En VBA :**

    Currency [$-922,33*10^{12}$, $+922,33*10^{12}$]
    Single [$-3,402*10^{38}$, $+ 3,402*10^{38}$]
    Double [$-1,797.10^{308}$, $+1,797.10^{308}$]

4.3 Le booléen :

Il ne peut prendre que deux états : VRAI ou FAUX.

- **En Algorithmique :**

    Booléen   (Vrai, Faux)

- **En VBA :**

    Boolean   (True, False)

4.4 Chaîne de caractère :

- **En Algorithmique :**

    Chaîne

- **En VBA :**

    String   (jusqu'à environ 2 milliards de caractères)

5. Les opérateurs :

5.1. Opérateurs Arithmétiques :

	En Algorithmique	En VBA
Addition	+	+
Soustraction	-	-
Multiplication	*	*
Division	/	/
Résultat entier d'une division	div	\
Reste entière d'une division	mod	mod

5.2 Opérateurs de comparaisons :

	En Algorithmique	En VBA
Supérieur	>	>
Supérieur ou égal	≥	>=
Inférieur	<	<
Inférieur ou égal	≤	<=
Egal	=	=
Différent	≠	<>

5.3 Opérateurs logiques :

	En Algorithmique	En VBA
Fonction ET	Et	And
Fonction OU	Ou	Or
Fonction NON	Non	Not

6. Priorités entre les opérateurs : Les opérateurs sont évalués dans l'ordre de priorité suivant :

1. Les parenthèses ().

2. Les fonctions prédéfinies.

3. Identité et négation unaires (+, −).

4. Multiplication et division (*, /).

5. Division entière (\).

6. Modulo arithmétique (Mod).

7. Addition et soustraction (+, −).

8. Concaténation de chaînes (&).

9. Tous les opérateurs de comparaison (=, <>, <, <=, >, >=).

10. Négation (Not).

11. Et (And).

12. Ou (Or).

13. L'affectation (=)

7. Les structures algorithmiques fondamentales : Les opérations élémentaires relatives à la résolution d'un problème peuvent, en fonction de leur enchaînement être organisées suivant quatre familles de structures algorithmiques fondamentales.

- Structures linéaires
- structures alternatives
- structures de choix
- structures itératives (ou répétitives)

7.1 La structure linéaire : La structure linéaire se caractérise par une suite d'actions à exécuter successivement dans l'ordre énoncé.

- **En Algorithmique :**

Action1

Action2

Action3

- **En VBA :**

Instruction 1

Instruction 2

Instruction 3

7.2 La structure alternative : La structure alternative n'offre que deux issues possibles à la poursuite de l'algorithme et s'excluant mutuellement. On peut rencontrer deux types de structures alternatives :

7.2.1 La structure alternative complète : Dans cette structure l'exécution d'un des deux traitements distincts ne dépend que du résultat d'un test effectué sur la condition qui peut être une variable ou un événement.

- Si la condition est vérifiée seul le premier traitement est exécuté.
- Si la condition n'est pas vérifiée seul est effectué le second traitement.

- **En Algorithmique :**

Si (Condition) Alors

   Action1

Sinon

   Action2

FinSi

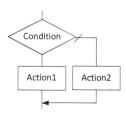

- **En VBA :**

If   condition   then

   Instructions 1

Else

   Instructions 2

Endif

Exemple :   Calcul du maximum entre deux nombres

If A>B then

  Max = A

Else

  Max = B

EndIf

7.2.2 La structure alternative réduite : La structure alternative réduite se distingue de la précédente par le fait que seule la situation correspondant à la validation de la condition entraîne l'exécution du traitement, l'autre situation conduisant systématiquement à la sortie de la structure.

- **En Algorithmique :**

<u>Si</u> (Condition) <u>Alors</u>

   Action

<u>FinSi</u>

- **En VBA :**

If condition then

   Instructions

Endif

Exemple : Calcul du maximum entre deux nombres

Max = A

If B>A then

   Max = B

Else

7.3 La structure de choix : La structure de choix permet, en fonction de plusieurs conditions de type booléen, d'effectuer des actions différentes suivant les valeurs que peut prendre une même variable.

- **En Algorithmique :**

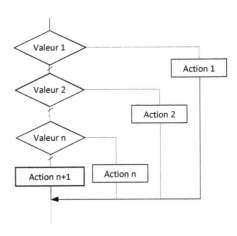

<u>Suivant</u> (Variable =)

   Valeur 1 : Action 1

   Valeur 2 : Action 2

   ...

   Valeur n : Action n

   <u>Sinon</u> Action n+1

<u>FinSuivant</u>

- **En VBA :**

Select Case *variable*

Case *valeur1*

   Instructions *' si variable = valeur1*

Case *valeur2*

   Instructions *' si variable = valeur1*

...

CaseElse

 Instructions ' *sinon*

EndSelect

Exemple :

Select Case A

 Case 1

  B=10

 Case 2

  B=20

 Case 3,4,5

  B=30

 CaseElse

  B=40

SelectEnd

7.4 La structure itérative : La structure itérative répète l'exécution d'une opération ou d'un traitement. On considérera 2 cas :

Premier cas : Le nombre de répétitions n'est pas connu ou est variable. On distingue 2 structures de base :

7.4.1 La Structure RÉPÉTER ... JUSQU'À ... : Dans cette structure, le traitement est exécuté une première fois puis sa répétition se poursuit jusqu'à ce que la condition soit vérifiée. L'action est toujours exécutée au moins une fois.

 ▪ **En Algorithmique :**

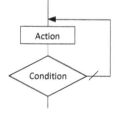

Répéter

 Action

Jusqu'à (condition)

  ▪ **En VBA :**

Do

Instructions

Loop Until condition

Exemple : Calcul de factorielle (10! = 1*2*3*4*5*6*7*8*9act = 1

i=1

Do

fact = fact * i

i=i+1

Loop Until i>10

7.4.2 Structure TANT QUE ... FAIRE ... : Dans cette structure, on commence par tester la condition ; si elle est vérifiée, le traitement est exécuté. L'action peut ne jamais être exécutée.

- **En Algorithmique :**

TantQue (Condition) Faire

   Action

FinTantQue

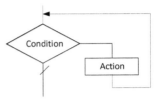

- **En VBA :**

While *condition*

Instructions

Wend

Exemple : Calcul de factorielle (10! = 1*2*3*4*5*6*7*8*9*10)

fact = 1

i=1

While i <= 1

fact = fact * i

i=i+1

Wend

Deuxième cas : le nombre de répétitions est connu.

7.4.3 La structure POUR ... DE ... JUSQU'À ... FAIRE ... : Dans cette structure, la sortie de la boucle d'itération s'effectue lorsque le nombre souhaité de répétition est atteint. On utilise donc une variable (ou indice) de contrôle d'itération caractérisée par :

- Sa valeur initiale.
- Sa valeur finale.
- Son pas de variation.

Si la valeur finale de l'indice est inférieure à sa valeur initiale le pas de variation est négatif, la structure est dite « pour décroissante ».

Dans le cas contraire, le pas est positif et la structure est dite « pour croissante ».

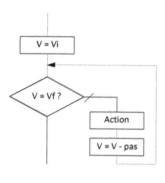
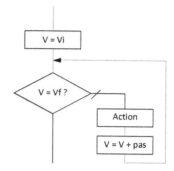

V : variable
Vi : valeur initiale de V
Vf : valeur finale de V

- **En Algorithmique :**

Pour Variable ← Initialisation Jusqu'à Fin Pas n Faire
   Actions
FinPour

- **En VBA :**

For var=initialisation min to fin step pas

Instructions

Next var

Exemple : Calcul de factorielle ($10! = 1*2*3*4*5*6*7*8*9*10$)

fact = 1

For i = 1 to 10 step 1

fact = fact * i

Next i

8. Les tableaux : Un tableau est une variable qui permet de stocker un ensemble de valeurs de même type, accessibles par leur position dans le tableau.

- **En Algorithmique :**

Var Nom-Tab [Dimension-Tab] : type-Tab

- **En VBA :**

Dim Nom-Tab(Dimension-Tab) As type-Tab

Exemple :

Var   TAB [10] : Entier

Dim   TAB(10) As Integer

	1	2	3	4	5	6	7	8	9	10
TAB	5	44	6	1	12	3	100	7	55	8

indice
↓

Le nom est : TAB
La dimension est : 10

$$TAB~[7] = 100$$
↑
élément

9. Les matrices : est un tableau constitué de plusieurs lignes et de plusieurs colonnes (tableaux à deux dimensions).

  ▪ **En Algorithmique :**

Var   Nom-Mat [Nombre-Ligne, Nombre-Colonne] : type-Mat

  ▪ **En VBA :**

Dim   Nom-Tab(Dimension-Tab) As type-Tab

Exemple :

Var   MAT [5,10] : Réel

Dim   MAT(5,10) As Single

	1	2	3	4	5	6	7	8	9	10
1	5	44	6	1	12	3	100	7	55	8
2	2	32	5	36	18	1	70	22	9	114
3	20	10	215	40	3	75	16	80	333	0
4	1	160	43	79	11	201	4	56	2	455
5	66	7	58	17	101	82	21	5	99	19

indice ligne ⌐↓ ↓⌐ indice colonne

Le nom est : MAT
La dimension est : 5 x 10

$$MAT~[4,6] = 201$$
↑ élément

10. Les procédures et les fonctions : Lors de la conception d'un programme résolvant un problème général, il est nécessaire de décomposer le problème en différents sous-problèmes moins complexe à résoudre. Ces différents sous problèmes peuvent être résolus grâce à des sous-programmes particuliers appelés Procédures et fonctions.

  • Les procédures ou fonctions permettent de ne pas répéter plusieurs fois une même séquence d'instructions au sein du programme.

- La mise au point du programme est plus rapide en utilisant des procédures et des fonctions. En effet, elle peut être réalisée en dehors du contexte du programme.
- Une procédure peut être intégrée à un autre programme, ou elle pourra être rangée dans une bibliothèque d'outils ou elle pourra être utilisée par n'importe quel programme.

Lors de la conception d'un programme deux aspects apparaissent :

- La définition de la procédure ou fonction.
- L'appel de la procédure ou fonction au sein du programme.

L'écriture de la procédure ou fonction s'effectue en fonction de paramètres formels utilisés dans la conception de celle-ci. Par contre au moment de l'utilisation de la procédure ou fonction, on associera de véritables valeurs à ces paramètres grâce à des paramètres d'appel ou paramètres effectifs.

10.1 Les procédures : Une procédure est destinée à réaliser une ou plusieurs actions. Elle peut par l'intermédiaire des paramètres globaux (Sortie ou Entrée-sortie), restituer aucune ou plusieurs valeurs.

- **En Algorithmique :**

Procédure   Nom_Procedure (Paramètres)

Var

[Déclaration locales]

 Début

   Liste des instructions de la procédure

 FinProcedure

- **En VBA :**

Sub   Nom_Procedure (paramètres)

Déclarations locales

Liste des instructions de la procédure

EndSub

10.2 Les fonctions : Une fonction est une procédure particulière, qui ne génère qu'un et un seul résultat de type simple : Entier, réel, booléen, caractère. Une fonction est assimilable à une valeur, on pourra donc l'utiliser au sein d'une expression ou l'affecter à une variable.

- **En Algorithmique :**

Fonction   Nom_Fonction (paramètres) : Type du résultat renvoyé

Var

[Déclaration des variables locales]

 Début

   Liste des instructions de la fonction

   Nom_Fonction ← Résultat

 FinFonction

- **En VBA :**

Function   Nom_Fonction (paramètres) as Type du résultat renvoyé

Déclarations

Liste des instructions de la fonction

Nom_Fonction = Résultat

EndFunction

10.3 Mode de passage de paramètres : Il y a deux méthodes pour passer des variables en paramètre dans une procédure ou une fonction : le passage par valeur et le passage par variable.

10.3.1 Passage par référence : La valeur de la variable passée en paramètre est copiée dans une variable locale. C'est cette variable qui est utilisée pour faire les calculs dans la fonction appelée. Aucune modification de la variable locale dans la fonction appelée ne modifie la variable passée en paramètre, parce que ces modifications ne s'appliquent qu'à une copie de cette dernière.

10.3.2 Passage par variable : La deuxième technique consiste à passer non plus la valeur des variables comme paramètre, mais à passer les variables elles-mêmes. Il n'y a donc plus de copie, plus de variable locale. Toute modification du paramètre dans la fonction appelée entraîne la modification de la variable passée en paramètre.

Exemple de procédure : Échange les valeurs de deux variables :

- **En Algorithmique :**

Procedure Echange (ParRef A : Entier, ParRef B : Entier)

Var C : Entier

Début

  C ← A

  A ← B

  B ← C

Fin Procedure

- **En VBA :**

Sub Echange (ByRef A As Integer, BeyRef B As Integer)

Dim C As Integer

C = A

A = B

B = C

End Sub

L'appel du procedure :

Dim P, K as Integer

P=5

K=8

Call Echange (P, K)

Exemple de fonction : Calcule le maximum entre deux variables A et B :

- **En Algorithmique :**

Function Max (ParVal A : Entier, ParVal B : Entier)

Début

  Si A>B Alors

    Max ← A

  Sinon

    Max ← B

  Finsi

Fin Procedure

- **En VBA :**

Function Max (ByVal A As Single, ByVal B As Single) As Single

If A>B then

Max = A

Else

Max = B

Endif

End Function

L'appel de la fonction :

Dim D, P, K as Integer

P=5

K=8

D = Max(P, K)

11. éléments visuels : Les composants de Visual Basic (feuille ou contrôles) sont identifiés à partir de leurs noms. Ces noms sont donnés au cours de la phase de conception de l'interface (lorsque la partie Objet est affichée), dans la première ligne de la barre de propriétés : partie (Name).

Dans la partie Code, l'accès à une propriété du composant se fait de la manière suivante :

Composant.Propriété

Le tableau suivant décrit succinctement chaque propriété.

Propriété	Description
(Name)	Renvoie le nom de l'objet
BackColor	Spécifie la couleur de fond
BorderColor	Spécifie la couleur de bordure
BorderStyle	Spécifie le style de bordure
Caption	Spécifie le texte affiché dans la barre de titre
Cycle	Spécifie l'action à effectuer lorsque l'utilisateur quitte le dernier contrôle
DrawBuffer	Spécifie le nombre de pixels de la mémoire tampon vidéo utilisée pour le rafraichissement de l'image
Enabled	Spécifie si l'objet peut recevoir le focus et répondre aux événements générés par l'utilisateur
DrawBuffer	Spécifie le nombre de pixels de la mémoire tampon vidéo utilisée pour le rafraichissement de l'image
Forecolor	Définit la couleur de la police
Height	Définit la dimension verticale
HelpContextID	Spécifie la rubrique d'un fichier d'aide
KeepScrollBarsVisible	Spécifie si les barres de défilement sont visibles
Left	Définit la position par rapport au bord gauche de l'application
MouseIcon	Affecte un icône personnalisé
MousePointer	Spécifie le type de pointeur
Picture	Spécifie l'image de fond dans l'UserForm
PictureAlignment	Spécifie l'alignement de l'image de fond
PictureSizeMode	Spécifie comment afficher une image de fond
PictureTiling	Permet d'afficher l'image en mosaïque
RightToLeft	Indique le sens d'affichage du texte et contrôle l'apparence visuelle sur un système bidirectionnel.
ScrollBars	Indiquee si les barres de défilement verticales et horizontales doivent être affichées
ScrollHeight	Spécifie la hauteur de la zone totale pouvant être affichée en déplaçant la barre de défilement
ScrollLeft	Spécifie la distance, du bord gauche de la partie visible, à partir du bord gauche du UserForm
ScollTop	Spécifie la distance, du bord supérieur de la partie visible, à partir du bord supérieur du UserForm
ScrollWidth	Spécifie la largeur de la zone totale pouvant être affichée en déplaçant la barre de défilement
ShowModal	Indique si la boîte de dialogue est modale
SpecialEffect	Spécifie l'aspect du UserForm à l'écran
StartUpPosition	Indique la position du UserForm lors de sa première apparition
Tag	Permet de stocker des informations supplémentaires
Top	Définit la position par rapport au bord supérieur de l'application
WhatsThisButton	Indique si le bouton d'aide "Qu'est-ce que c'est" apparaît sur la barre de titre
WhatsThisHelp	Indique si l'aide contextuelle utilise la fenêtre automatique fournie par l'aide de Windows ou la fenêtre d'aide principale
Width	Définit la dimension horizontale
Zoom	Spécifie le changement de taille de l'objet
Visible	Spécifie si l'objet est masqué ou affiché.

Par exemple, pour accéder au nombre d'éléments (valeur entière) d'un objet de type ListBox appelé List1 (propriété ListCount), il faut faire :   **List1.ListCount**

11.1 Les feuilles (UserForm) : La feuille, ou UserForm, est le composant de base de VBA. C'est sur une feuille que vont s'afficher les contrôles.

11.1.1 insérer Feuille : Pour insérer un UserForm dans un projet, Vous devez tout d'abord afficher le VBE, puis cliquez sur votre fichier dans l'explorateur de projets. Ensuite, Sélectionnez le Menu **Insertion / UserForm.**

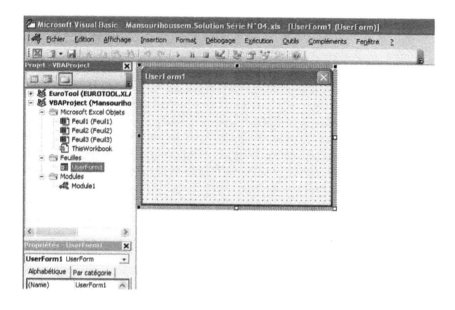

11.1.2 Quelques méthodes sur les UserForm :

1. Afficher l'UserForm :

```
Sub CommandButton1_Click()
  UserForm1.Show
End Sub
```

2. Masquer l'UserForm :

```
Sub CommandButton1_Click()
  UserForm1.Hide
End Sub
```

11.2 Les contrôles : Les contrôles sont accessibles depuis l'éditeur de macro, dans la fenêtre "boîte à outils". Normalement la boîte à outils s'affiche automatiquement lorsque que vous créez un UserForm. Dans le cas contraire, Sélectionnez le Menu **Affichage / Boîte à outils.**

Lorsque vous passez le curseur de la souris sur les objets, leur nom s'affiche dans une infobulle. Sélectionnez un des contrôles disponibles et positionnez le dans l'UserForm.

Si l'objet que vous souhaitez utiliser n'est pas visible, fait un clic droit dans la boîte à outils, sélectionnez l'option **"Contrôles supplémentaires"**. Dans la nouvelle fenêtre qui s'affiche, cochez la ligne qui vous intéresse puis cliquez sur **OK** pour valider.

Utilisez la fenêtre de propriétés pour personnaliser le contrôle (Changer le nom, une fonctionnalité, l'apparence de l'objet...etc.). Si cette fenêtre n'est pas affichée par défaut: Sélectionnez le contrôle et appuyez sur la touche raccourci "F4".

11.2.1 Les contrôles standards :

1. Label : Les contrôles Labels (intitulés) sont principalement utilisés pour afficher des messages d'information.

2. CheckBox : Le contrôle CheckBox (Case à cocher) permet de renvoyer les valeurs :

- Vrai (Lorsque la case est cochée).
- Faux (Lorsque la case est décochée).

3. OptionButton : Les contrôles Optionbutton (Boutons d'option) permettent de faire un choix parmi plusieurs options. Lorsqu'une des options est sélectionnée, les autres sont toutes désactivées. Il existe deux possibilités pour gérer un groupe d'OptionButton.

4. CommandButton : Les contrôles CommandButton (Boutons de commande) servent principalement à lancer des procédures en utilisant l'évènement Click.

5. TextBox : Les contrôles TextBox (Zones de texte) sont généralement utilisés comme champs de saisie dans les boîtes de dialogue.

6. ComboBox : Un contrôle ComboBox (Zone de liste modifiable) permet de créer une liste de choix dans un menu déroulant.

7. ListBox : Le contrôle ListBox (Zone de liste) permet de choisir un ou plusieurs éléments dans une liste de choix.

8. ScrollBar : Le contrôle ScrollBar (Barre de défilement) permet d'incrémenter ou de décrémenter des valeurs en fonction de spécifications (valeur mini, valeur maxi, pas).

9. SpinButton : Le contrôle SpinButton (Toupie) permet d'incrémenter ou de décrémenter des valeurs en fonction de spécifications (valeur mini, valeur maxi, pas). Cet objet fonctionne sur le même principe que le ScrollBar, mais ne possède pas de barre de défilement. Il ne possède pas de propriété LargeChange.

10. MultiPage : Un MultiPage, comme son nom l'indique, est constitué de plusieurs pages. Ce contrôle est particulièrement intéressant lorsque vous devez gérer un grand nombre d'objets dans la Forme.

11. Image : Ce contrôle permet de visualiser des images dans l'UserForm.

12. Frame : Les Frames (Cadres) servent à regrouper les contrôles de façon logique.

13. RefEdit : Le contrôle RefEdit permet de récupérer la référence à une plage de cellules.

14. ToggleButton : Le contrôle ToggleButton (Bouton bascule) permet de renvoyer les valeurs:

- Vrai (Lorsque le bouton est activé).
- Faux (Lorsque le bouton est désactivé)

11.2.2 Les contrôles spécifiques :

1. Office Web Components (OWC) : Le complément Microsoft Office Web Components (Composants Web) est une collection de contrôles (Component Object Model ou COM) permettant de publier sur le Web des feuilles de calcul, des graphiques et des tableaux croisés dynamiques.

2. ChartSpace : L'objet ChartSpace permet de visualiser des graphiques dans un UserForm.

3. SpreadSheet : L'objet SpreadSheet permet d'utiliser des tableurs Excel dans un UserForm.

4. PivotTable : L'objet PivotTable permet d'utiliser des tableaux croisés dynamiques dans un UserForm.

5. WindowMediaPlayer : Utiliser Windows Media Player dans un UserForm.

6. ShockwaveFlash : Piloter une animation Flash dans un UserForm.

7. Windows Image acquisition : Utiliser la librairie Windows Image Acquisition dans un UserForm.

8. TreeView : Le contrôle TreeView permet d'afficher des informations hiérarchisées sous forme d'arborescence. Le TreeView est constitué de noeuds (parents et enfants).

9. ListView : Le contrôle ListView permet d'afficher des informations (dans le style du volet de droite de l'explorateur Windows).

10. ImageList : Le contrôle ImageList permet de stocker et gérer des images dans un classeur.
11. Calendar : Le contrôle Calendar permet d'afficher un calendrier dans un UserForm.

12. Monthview : Le contrôle MonthView permet aussi d'afficher un calendrier dans un UserForm.

13. DatePicker : Le contrôle DatePicker permet d'afficher un calendrier déroulant dans un UserForm. Vous pouvez utiliser cet objet en sélectionnant "Microsoft Date and Time Picker Control 6.0" dans la liste des contrôles supplémentaires.

14. StatusBar : Le contrôle StatusBar permet (en autre) d'afficher l'heure au format hh:mm, dans un UserForm.

Partie 03

Exercices

Partie 03

Exercices

Exercice 01 :

La feuille de calcul ci-dessous, représente une facture d'une entreprise de vente de matériels informatiques :

	A	B	C	D	E	F	G	H	I
1	N°Produit	Désignation	Prix Unitaire (DA)	TVA	Quantité	THT (DA)	TVA (DA)	TTC(DA)	
2	1	Ecran	5000	2%	10	?	?	?	
3	2	Clavier	500	1%	30				
4	3	Souris	300	1%	40				
5	4	Imprimante	6000	3%	15				
6	5	Web Caméra	400	1%	20				
7	6	Flash Disque	1000	2%	50				
8	7	Scanner	3500	3%	10				
9	8	Modem	1500	3%	20				
10	9	RAM	1200	4%	60				
11	10	Processeur	12000	5%	10				
12									
13					Total (DA)	?	?	?	
14									
15		Net à Payer (DA)		?					
16									

Questions :

1. Lancer le logiciel Microsoft Office Excel 2003.

2. Sauvegarder votre fichier dans la partition (D:/) sous votre Nom.

3. Recopier la feuille de calcul représentée ci-dessus dans la feuille 01 de votre classeur.

4. Calculer le THT en DA de chaque produit.

5. Calculer le TVA en DA de chaque produit.

6. Calculer le TTC en DA de chaque produit ; Sachant que :   TTC = THT + TVA.

7. Calculer le THT total en DA de la facture.

8. Calculer le TVA total en DA de la facture.

9. Calculer le TTC total en DA de la facture.

10. Calculer le net à payer en DA de la facture ; Sachant que :

    • L'entreprise fait à ces clients une réduction de 10% si le total TTC de la facture dépasse 10 000 DA.

    • L'entreprise fait à ces clients une réduction de 20% si le total TTC de la facture dépasse 20 000 DA.

11. Sauvegarder les modifications, fermer votre fichier puis quitter le logiciel Excel.

THT = Total Hors Taxe.
TVA = Taxe sur la Valeur Ajoutée.
TTC = Total Taxe Compris.
DA = Dinar Algérien.

Exercice 02 :

La feuille de calcul ci-dessous, représente les notes de trois modules pour dix étudiants :

	A	B	C	D	E	F	G	H	I	
1		Module		Informatique	Matématique	physique				
2		Coefficient		5	4	3				
3	N°Etudiant	Nom et Prénom Etudiant		Note			Nbr Absence	Moyenne	Décision	
4	1	Slimani Karim		10	8	15	6	?	?	
5	2	Ben Yahya Samira		10	12	16	3			
6	3	Guessmia Karim		9	14	10	8			
7	4	Bessou Amira		9	3	9	2			
8	5	Ibrahimi Salim		10	12	6	5			
9	6	Hadjeb Rachid		4	16	10	6			
10	7	Khaloufi Ahlem		3	5	9	7			
11	8	Bouzidi Farid		10	10	10	5			
12	9	Halitim Yacine		20	12	14	9			
13	10	Tali Fatima		17	10	12	0			
14										
15	La moyenne de la Classe		?			Nombre d'étudiants qui ont des moyennes >=10			?	
16										
17	La mention de la Classe		?			Nombre d'étudiants qui ont des moyennes <10			?	
18										
19	La meilleure Moyenne		?			Moyenne d'étudiants qui ont des moyennes >=10			?	
20										
21	La mauvaise Moyenne		?			Moyenne d'étudiants qui ont des moyennes <10			?	
22										

Questions :

1. Créer un fichier Excel dans la partition (D:/) portant votre Prénom.

2. Ouvrir ce fichier et recopier la feuille de calcul représentée ci-dessus dans la feuille 02 de votre classeur.

3. Calculer la moyenne de chaque étudiant.

4. Afficher La décision pour chaque étudiant ; Sachant que :
   - L'étudiant est « Exclus », si son nombre d'absence est supérieur ou égale à 05.
   - L'étudiant est « Admis », si sa moyenne est supérieure ou égale à 10.
   - L'étudiant est « Racheté », si sa moyenne est supérieure ou égale à 09.
   - L'étudiant est « Ajourné », si sa moyenne est inférieure strictement à 09.

5. Calculer la moyenne de la classe.

6. Afficher la mention de la classe ; sachant que :
   - La mention est « Très Bien », si la moyenne de la classe est supérieure ou égale à 15.
   - La mention est « Bien », si la moyenne de la classe est supérieure ou égale à 10 et inférieure strictement à 15.
   - La mention est « Faible », si la moyenne de la classe est supérieure ou égale à 05 et inférieure strictement à 10.
   - La mention est « Très Faible », si la moyenne de la classe est inférieure strictement à 05.

7. Afficher la meilleure moyenne.

8. Afficher la mauvaise moyenne.

9. Calculer le nombre d'étudiants qui ont des moyennes supérieures ou égales à 10.

10. Calculer le nombre d'étudiants qui ont des moyennes inférieures strictement à 10.

11. Calculer la moyenne des étudiants qui ont des moyennes supérieures ou égales à 10.

12. Calculer la moyenne des étudiants qui ont des moyennes inférieures strictement à 10.

13. Sauvegarder les modifications, fermer votre fichier puis quitter le logiciel Excel.

Exercice 03 :

La feuille de calcul Excel figurée dans la page suivante, représente les résultats de 30 étudiants dans 02 modules pendant une année universitaire. Cette dernière passe par 3 périodes :

1) Juin :

La colonne **E** représente la moyenne de Juin.

La colonne **G** représente la décision de Juin. Ainsi :

Si (Le nombre d'absence > 5) Alors « Exclus » Sinon :
  Si (La moyenne de Juin ≥ 10) Alors « Admis » Sinon : « Synthèse »

2) Synthèse :

La colonne **J** représente la moyenne de Synthèse.

La colonne **K** représente la moyenne finale de Synthèse (la meilleure moyenne entre la moyenne de Juin et la moyenne de Synthèse).

La colonne **L** représente la décision de Synthèse. Ainsi :

Si (La décision de Juin = « Exclus ») Alors « Exclus » Sinon :
  Si (La décision de Juin = « Admis ») Alors « Admis » Sinon :
    Si (La moyenne finale de Synthèse ≥ 10) Alors « Admis » Sinon :
      Si (La moyenne finale de Synthèse ≥ 7) Alors « Rattrapage » Sinon : « Exclus »

3) Rattrapage :

La colonne **O** représente la moyenne de Rattrapage.

La colonne **P** représente la moyenne finale de Rattrapage (la meilleure moyenne entre la moyenne de Juin, la moyenne de Synthèse et la moyenne de Rattrapage).

La colonne **Q** représente la décision de Rattrapage. Ainsi :

Si (La décision de Synthèse = « Exclus ») Alors « Exclus » Sinon :
  Si (La décision de Synthèse = « Admis ») Alors « Admis » Sinon :
    Si (La moyenne finale de Rattrapage ≥ 10) Alors « Admis » Sinon : « Ajourné »

Fin de l'année universitaire :

La colonne **R** représente la moyenne finale (la meilleure moyenne entre la moyenne de Juin, la moyenne de Synthèse et la moyenne de Rattrapage).

La colonne **S** représente la décision finale. Ainsi :

Si (La décision de Rattrapage = « Exclus ») Alors « Exclus » Sinon :
  Si (La décision de Rattrapage = « Admis ») Alors « Admis » Sinon :
    Si (La moyenne finale de l'étudiant ≥ 9) Alors « Racheté » Sinon : « Ajourné ».

Question :

Refaire cette feuille de calcul sur votre ordinateur.

N°	Nom et Prénom	Informatique (Coeff 5) Moyenne	Mathématique (Coeff 4) Moyenne	JUIN Moyenne Juin	Nombre d'absence	Décision Juin	Synthèse Informatique 5 Note	Synthèse Mathématique 4 Note	Moyenne Synthèse	Moyenne Finale	Décision Synthèse	Rattrapage Informatique 5 Note	Rattrapage Mathématique 4 Note	Moyenne Rattrapage	Moyenne Finale	Décision Rattrapage	Moyenne Finale	Décision Finale
1	Makhlouf Lotfi	10,00	12,00	10,89	2	Admis	0,00	0,00	0,00	10,89	Admis	0,00	0,00	0,00	10,89	Admis	10,89	Admis
2	Sadiki Fatiha	5,00	8,00	6,33	0	Synthèse	6,00	7,00	6,44	6,44	Exclus	0,00	0,00	0,00	6,44	Exclus	6,44	Exclus
3	Guesmia Amine	10,00	10,00	10,00	5	Admis	0,00	0,00	0,00	10,00	Admis	0,00	0,00	0,00	10,00	Admis	10,00	Admis
4	Tali Khadidja	9,00	8,00	8,56	3	Synthèse	11,00	10,00	10,56	10,56	Admis	0,00	0,00	0,00	10,56	Admis	10,56	Admis
5	rahmani Omar	15,00	14,00	14,56	8	Exclus	0,00	0,00	0,00	14,56	Exclus	0,00	0,00	0,00	14,56	Exclus	14,56	Exclus
6	Madjid Wahiba	7,00	12,00	9,22	3	Synthèse	8,00	12,00	9,78	9,78	Rattrapage	10,00	12,00	10,89	10,89	Admis	10,89	Admis
7	Hadjeb Karim	9,00	8,00	8,56	1	Synthèse	10,00	9,00	9,56	9,56	Rattrapage	10,00	7,00	8,67	9,56	Ajourné	9,56	Racheté
8	Salem Lamia	15,00	16,00	15,44	4	Admis	0,00	0,00	0,00	15,44	Admis	0,00	0,00	0,00	15,44	Admis	15,44	Admis
9	Kermali Samir	13,00	10,00	11,67	7	Exclus	0,00	0,00	0,00	11,67	Exclus	0,00	0,00	0,00	11,67	Exclus	11,67	Exclus
10	salem Hiba	5,00	5,00	5,00	0	Synthèse	8,00	9,00	8,44	8,44	Rattrapage	5,00	6,00	5,44	8,44	Ajourné	8,44	Ajourné
11	Haitim Walid	10,00	10,00	10,00	2	Admis	0,00	0,00	0,00	10,00	Admis	0,00	0,00	0,00	10,00	Admis	10,00	Admis
12	Laanbi Mouna	8,00	9,00	8,44	2	Synthèse	10,00	10,00	10,00	10,00	Admis	0,00	0,00	0,00	10,00	Admis	10,00	Admis
13	Brerma Brahim	17,00	15,00	16,11	3	Admis	0,00	0,00	0,00	16,11	Admis	0,00	0,00	0,00	16,11	Admis	16,11	Admis
14	Kassem Warda	11,00	7,00	9,22	1	Synthèse	11,00	8,00	9,67	9,67	Rattrapage	11,00	7,00	9,22	9,67	Ajourné	9,67	Racheté
15	Bensmara Zaki	2,00	9,00	5,11	5	Synthèse	3,00	10,00	6,11	6,11	Exclus	0,00	0,00	0,00	6,11	Exclus	6,11	Exclus
16	Bessou Nabila	15,00	15,00	15,00	3	Admis	0,00	0,00	0,00	15,00	Admis	0,00	0,00	0,00	15,00	Admis	15,00	Admis
17	Bousahel Farid	12,00	13,00	12,44	6	Exclus	0,00	0,00	0,00	12,44	Exclus	0,00	0,00	0,00	12,44	Exclus	12,44	Exclus
18	Benani Ahlem	8,00	5,00	6,67	4	Synthèse	9,00	7,00	8,11	8,11	Rattrapage	10,00	10,00	10,00	10,00	Admis	10,00	Admis
19	Boussana Lhadi	10,00	10,00	10,00	0	Admis	0,00	0,00	0,00	10,00	Admis	0,00	0,00	0,00	10,00	Admis	10,00	Admis
20	Mahdawi Wafa	8,00	8,00	8,00	3	Synthèse	9,00	12,00	10,33	10,33	Admis	0,00	0,00	0,00	10,33	Admis	10,33	Admis
21	Boughazi Ali	14,00	3,00	9,11	2	Synthèse	14,00	6,00	10,44	10,44	Admis	0,00	0,00	0,00	10,44	Admis	10,44	Admis
22	Radjeh Rafika	13,00	11,00	12,11	9	Exclus	0,00	0,00	0,00	12,11	Exclus	0,00	0,00	0,00	12,11	Exclus	12,11	Exclus
23	Nabti Malek	12,00	2,00	7,56	5	Synthèse	12,00	5,00	8,89	8,89	Rattrapage	12,00	6,00	9,33	9,33	Ajourné	9,33	Racheté
24	Hamidi Nora	16,00	12,00	14,22	1	Admis	0,00	0,00	0,00	14,22	Admis	0,00	0,00	0,00	14,22	Admis	14,22	Admis
25	Chinfi Rachid	3,00	13,00	7,44	5	Synthèse	8,00	13,00	10,22	10,22	Admis	0,00	0,00	0,00	10,22	Admis	10,22	Admis
26	Kiror Ahlem	18,00	18,00	18,00	0	Admis	0,00	0,00	0,00	18,00	Admis	0,00	0,00	0,00	18,00	Admis	18,00	Admis
27	Lossif Brahim	12,00	14,00	12,89	1	Admis	0,00	0,00	0,00	12,89	Admis	0,00	0,00	0,00	12,89	Admis	12,89	Admis
28	Malek Hala	0,00	0,00	0,00	2	Synthèse	0,00	0,00	0,00	10,00	Admis	0,00	0,00	0,00	10,00	Admis	10,00	Admis
29	Nayli Farid	4,00	6,00	4,89	5	Synthèse	10,00	9,00	9,56	9,56	Rattrapage	10,00	10,00	10,00	10,00	Admis	10,00	Admis
30	Zitouni Ramzi	10,00	10,00	10,00	6	Exclus	0,00	0,00	0,00	10,00	Exclus	0,00	0,00	0,00	10,00	Exclus	10,00	Exclus

Exercice 04 :

Le tableau ci-dessous représente les chiffres d'affaires d'une entreprise pour 4 trimestres et dans trois villes.

	A	B	C	D	E
1		1 er trimestre	2 ème trimestre	3 ème trimestre	4 ème trimestre
2	Sétif	€ 1 000 000,00	€ 3 000 000,00	€ 5 000 000,00	€ 4 000 000,00
3	Alger	€ 6 000 000,00	€ 2 000 000,00	€ 3 000 000,00	€ 5 000 000,00
4	Béjaïa	€ 4 000 000,00	€ 1 000 000,00	€ 2 000 000,00	€ 3 000 000,00

Représenter ces résultats dans un histogramme.

Exercice 05 :

Le tableau ci-dessous représente les températures moyennes pour la ville de Sétif entre janvier et juin de l'année 2010 :

	A	B	C	D	E	F	G
1	Mois	Janvier	Février	Mars	Avril	Mai	Juin
2	Températures (°C)	2	5	8	12	18	24

Construire une courbe de température pour représenter ces résultats.

Exercice 06 :

Le tableau ci-dessous représente les résultats des élections :

	A	B	C	D	E	F
1	Parties	RCD	FLN	FFS	RND	HMS
2	Nombre de votes	2000000	10000000	1000000	4000000	3000000

Figurer ces résultats sous forme d'un secteur.

Exercice 07 :

Résoudre l'équation à une inconnue x suivante : $e^x + Sin^2x = 10$

Exercice 08 :

Un commerçant veut faire un approvisionnement pour 3 types de produits, chaque produit à un prix d'achat et un prix de vente comme suite :

	Produit A	Produit B	Produit C
Prix d'achat	10 DA	16 DA	20 DA
Prix de vente	15 DA	24 DA	30 DA

Le commerçant veut s'avoir la quantité qu'il faut acheter de chaque produit, afin de maximiser le bénéfice et dans la limite d'une contrainte budgétaire totale de 2000 DA.

Exercice 09 :

La feuille de calcul ci-dessous représente les informations des opérations de vente pour une entreprise, ainsi on sauvegarde pour chaque opération de vente le produit, l'année, le mois, le montant, le vendeur et la région.

	A	B	C	D	E	F
1	Produits	Année	Mois	Montant	Vendeur	Région
2	Ventes A	2001	Mai	6329	Mohamed	Sétif
3	Ventes B	2003	Jul	5691	Kamel	Alger
4	Ventes C	2008	Mar	7029	Ali	Annaba
5	Ventes A	2007	Mar	2345	Amin	Oran
6	Ventes D	2001	Mar	3523	Salim	Constantine
7	Ventes C	2000	Jan	8462	Mourad	Annaba
8	Ventes B	2002	Nov	8193	Ali	Sétif
9	Ventes D	2000	Mar	9528	Mohamed	Oran
10	Ventes A	2000	Nov	3181	Mourad	Alger
11	Ventes B	2005	Mai	4562	Kamel	Constantine
12	Ventes C	2004	Mai	6112	Salim	Alger
13	Ventes A	2006	Nov	9509	Amin	Annaba
14	Ventes D	2001	Mai	5576	Mohamed	Oran
15	Ventes C	2003	Mai	7539	Mohamed	Constantine
16	Ventes B	2008	Mar	3731	Kamel	Annaba
17	Ventes D	2007	Jul	2742	Ali	Sétif
18	Ventes A	2001	Mar	169	Amin	Oran
19	Ventes B	2000	Nov	7782	Salim	Alger
20	Ventes C	2002	Jan	1132	Mourad	Constantine
21	Ventes A	2000	Sep	6082	Ali	Sétif
22	Ventes D	2000	Nov	31	Mohamed	Alger
23	Ventes C	2005	Jul	3106	Mourad	Annaba
24	Ventes B	2004	Mar	8752	Kamel	Oran
25	Ventes D	2006	Jul	1361	Salim	Constantine
26	Ventes A	2001	Jan	7687	Amin	Annaba
27	Ventes B	2003	Sep	8366	Mohamed	Sétif
28	Ventes C	2008	Mar	9615	Mohamed	Oran
29	Ventes A	2007	Sep	8089	Kamel	Alger
30	Ventes D	2001	Nov	5327	Ali	Constantine
31	Ventes C	2000	Jan	3572	Amin	Alger

Questions : Construire un (des) tableau (x) croisé (s) dynamique (s), afin que vous pouviez s'avoir :

1. Le montant total de vente de chaque produit par chaque vendeur.

2. Le nombre d'opérations de vente de chaque produit par chaque vendeur.

3. Le montant total de vente des produit A et D, par chaque vendeur, dans chaque année.

4. Le montant total de vente de chaque produit, par le vendeur Salim, dans chaque année et dans chaque mois.

5. Le montant total de vente de chaque produit, par chaque vendeur, dans chaque année, pour chaque mois et dans la région Sétif.

6. Le nombre d'opérations de vente de chaque produit, par le vendeur Mohamed, dans chaque année, pour chaque mois et dans chaque région.

7. Le montant total de vente de chaque produit, par chaque vendeur, dans l'année 2008, pour chaque mois et dans chaque région.

8. Le montant total de vente de chaque produit, par chaque vendeur, dans chaque année, pour Janvier seulement, et dans chaque région.

9. Le montant et le nombre d'opérations de vente du produit C, par le vendeur Mourad, dans l'année 2005, dans le mois Juillet et dans la région Annaba.

10. Le meilleur montant réalisé par chaque vendeur dans chaque année.

11. Le montant moyen de vente réalisé par chaque vendeur pour chaque produit.

Exercice 10 :

I. Ecrire les algorithmes qui permettent de :

1. Echanger les valeurs de deux variables entiers A et B.

2. Calculer la plus grande et la plus petite parmi trois valeurs réelles.

3. Détecter si un nombre entier est pair ou impair.

4. Résoudre une équation de premier degré : A x + B = 0.

5. Trier les valeurs de trois variables A, B et C par ordre croissant.

6. Calculer la somme et le produit des nombres entiers situés entre 1 et 100.

7. Afficher les nombres impairs situés entre 1 et *n* (où *n est un entier lu au Clavier*).

8. Afficher les diviseurs d'un nombre entier.

9. Afficher les multiples d'un nombre entier A qui sont inférieurs à *n* (n≥A).

10. Détecter si un nombre entier est parfait ou non.

II. A l'aide de la table figurée dans la page 107, traduisez ces algorithmes en programmes VBA.

III. Exécuter ces programmes sous Excel.

Exercice 11 :

A l'aide de la table 01 figurée dans la page 107, écrire les programmes VBA qui nous permettent de :

1) Déterminer la plus grande et la plus petite valeur dans un tableau de dimension 10.

5	11	4	3	21	7	16	13	1	9

Max = 21
Min = 01

2) Inverser un tableau de dimension 7.

5	11	4	3	16	7	20

→

20	7	16	3	4	11	5

3) Trier un tableau de dimension 7.

5	11	4	3	16	7	20

→

3	4	5	7	11	16	20

4) Calculer la somme et la moyenne des éléments d'une matrice de dimension 3*4.

2	5	8	3
4	2	9	1
7	5	3	6

Somme = 55
Moyenne = 4,583

5) Calculer le nombre d'occurrence de l'élément 1 dans une matrice de dimension 4*4.

2	1	8	3
4	1	9	1
1	5	1	6
9	1	7	1

Le nombre de 1 = 7

6) Déterminer s'il existe le chiffre 3 parmi les éléments d'une matrice de dimension 3*4.

2	5	8	3
4	2	9	1
7	5	4	6

Oui 3 Existe

7) Additionner deux matrices de dimension 3*4.

2	5	8	3
4	2	9	1
7	5	4	6

+

5	9	7	1
3	6	2	4
8	7	5	6

=

7	14	15	4
7	8	11	5
15	12	9	12

Exercice 12 :

Cet exercice a pour objectif de comprendre les différents concepts liés aux procédures et fonctions. Taper les programmes VBA suivants dans l'éditeur VBE de L'Excel chacun dans un **Module**, exécuter la procédure « **Exmple1** » de chaque programme, discuter les résultats qu'ils produisent, détecter les fautes dans les programmes qui ne donnent pas des résultats correctes :

Programme 01 : Déclarations et appels des Procédures et Fonctions :

```
Sub Exemple1()
MsgBox "Bonjour"
MsgBox Exemple2
End Sub
Function Exemple2() As String
Call Exemple3
Exemple2 = "Au Revoir"
End Function
Sub Exemple3()
MsgBox "Je suis Algerien"
End Sub
```

Programme 02 : Variables locales et variables globales :

```
Sub Exemple1()                          Dim a, b As Integer
Dim a, b As Integer                     Sub Exemple1()
a = 5                                   a = 5
b = 7                                   b = 7
MsgBox Exemple2()                       MsgBox Exemple2()
End Sub                                 End Sub
Function Exemple2() As Integer          Function Exemple2() As Integer
Exemple2 = a + b                        Exemple2 = a + b
End Function                            End Function
```

Programme 03 : Procédures et Fonctions paramétrées :

```
Sub Exemple1()
Dim a, b As Byte
a = 5
b = 3
MsgBox Exemple2(a, b)
End Sub
Function Exemple2(x, y As Byte) As String
Dim c As Byte
c = 8
Exemple2 = x + y * Exemple3(c)
End Function
Function Exemple3(z As Byte) As String
Dim d As Byte
d = 4
Exemple3 = z / d
End Function
```

Programme 04 : Passage des paramètres par Valeur et par Référence :

```
Sub Exemple1()
Dim a, b As Currency
a = 5
b = 3
Call Exemple2(a, b)
MsgBox a
MsgBox b
End Sub
Sub Exemple2(ByVal x As Currency, ByRef y As Currency)
x = 10
y = 12
End Sub
```

Exercice 13 :

Le bute de cet exercice est de vous familiariser avec le concept objet dans langage de programmation Visual Basic for Application (VBA) de l'Excel. Réaliser avec Excel 2003 les petites applications suivantes, en utilisant VBA :

1/ Calculer le factoriel d'un nombre entier positif (A!).

	A	B	C	D	E	F
1	A=	6	Calculer		A! =	720
2						

2/ Détecter si un nombre entier est premier ou non.

	A	B	C	D	E	F
1	A=	11	Détecter		Premier	
2						

3/ Calculer X puissance Y de manière itérative.

	A	B	C	D	E	F
1	X=	5				
2			Calculer		X puissance Y=	125
3	Y=	3				

4/ Calculer le plus grand commun diviseur de deux nombre entiers.

	A	B	C	D	E	F
1	X=	18				
2			Calculer		PGCD=	6
3	Y=	12				

5/ Calculer le plus petit commun multiple de deux nombre entiers.

	A	B	C	D	E	F
1	X=	6				
2			Calculer		PPCM=	24
3	Y=	8				

6/ Détecter si un nombre entier est parfait ou non.

	A	B	C	D	E	F
1	A=	28	Détecter		Parfait	
2						

7/ Calculer la multiplication de deux nombre entiers sans utilisé l'opérateur de la multiplication *.

	A	B	C	D	E	F
1	X=	7				
2			Calculer		X * Y=	28
3	Y=	4				

8/ Calculer le résultat et le reste d'une division entière sans utilisé ni /, ni Div, ni Mod.

	A	B	C	D	E	F
1	X=	7				
2			Calculer		X * Y=	28
3	Y=	4				

Exercice 14 :

1. Ecrire un algorithme permettant de résoudre une équation du second degré **A** x^2 + **B** x + **C** = 0.

2. Traduire cet algorithme (a l'aide de la table figurée dans la page 107) en procédure VBA puis l'exécuter sous Excel 2003.

3. Modifier cette procédure de la façon suivante :

   - On lit les facteurs **A**, **B** et **C** à partir des cellules **A2**, **B2** et **C2** du « feuil 1 » respectivement.
   - On écrit la valeur de **Delta** (Δ) dans la cellule **E2** du « feuil 1 ».
   - On écrit la (les) solution (s) de l'équation dans les cellules **G2** et **G3** du « feuil 1 ».
   - On ajoute au « feuil 1 » un **Bouton** appeler « Résoudre » pour faire appeler la procédure.

	A	B	C	D	E	F	G	H	I
1	A	B	C		Delta			La solution	
2	2	5	2		9			-2	
3								-0,5	
4		Résoudre							

4. Diviser le programme précédent en trois parties :

   1. Une procédure principale, dans laquelle on résoudre l'équation et on fait appel aux deux fonctions suivantes :

   2. La fonction « Equation1 » qui résoudre l'équation du première degré **B** x + **C** = 0, si le facteur **A = 0**.

   3. La fonction « Delta » qui calcul **Delta** (Δ), si le facteur **A ≠ 0**.

   Ajouter au « feuil 1 » un autre **Bouton** pour faire appeler cette procédure.

Exercice 15 :

Le bute de cet exercice est de vous initier à la programmation orientée objet. Réaliser les petites applications suivantes avec Excel 2003, en utilisant VBA :

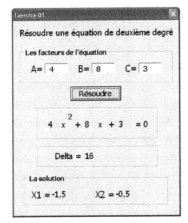

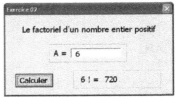

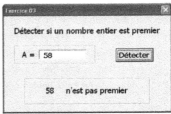

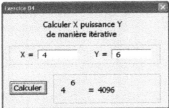

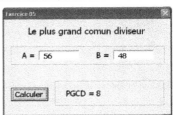

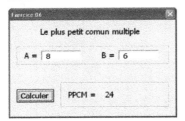

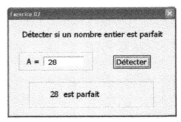

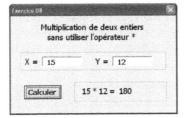

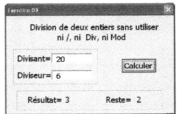

Exercice 16 :

On veut dans cet exercice réaliser avec le VBA d'Excel une calculatrice scientifique un peu spéciale, avec laquelle on peut faire sur maximum deux opérandes les opérations d'addition , de soustraction , de multiplication , de division, le Div, le Mod, le pourcentage, la racine, la puissance, le factoriel, le PGCD et le PPCM. L'appel à cette calculatrice se fait dans une feuil de calcul Excel dans laquelle se trouve les valeurs des deux opérandes.

Etape 01 : Réaliser la calculatrice.

1. Réaliser l'interface suivante :

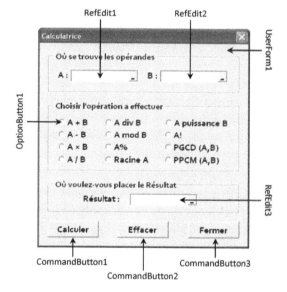

2. Associer les codes sources suivants aux boutons 1, 2 et 3 :

```
Private Sub CommandButton2_Click()
RefEdit1.Value = ""
RefEdit2.Value = ""
RefEdit3.Value = ""
End Sub
```

```
Private Sub CommandButton3_Click()
RefEdit1.Value = ""
RefEdit2.Value = ""
RefEdit3.Value = ""
UserForm1.Hide
End Sub
```

```
Private Sub CommandButton1_Click()
Dim a, b, c, i As Double
a = Range(RefEdit1)
b = Range(RefEdit2)
If OptionButton1.Value = True Then
c = a + b
End If
If OptionButton2.Value = True Then
c = a - b
End If
If OptionButton3.Value = True Then
c = a * b
End If
If OptionButton4.Value = True Then
c = a / b
End If
If OptionButton5.Value = True Then
c = a \ b
End If
If OptionButton6.Value = True Then
c = a Mod b
End If
If OptionButton7.Value = True Then
c = a / 100
End If
If OptionButton8.Value = True Then
c = Sqr(a)
End If
If OptionButton9.Value = True Then
c = a ^ b
End If
If OptionButton10.Value = True Then
If a = 0 Then
c = 1
Else
c = 1
For i = 1 To a
c = c * i
Next i
End If
End If
If OptionButton11.Value = True Then
For i = 1 To a
If a Mod i = 0 And b Mod i = 0 Then
c = i
End If
Next i
End If
If OptionButton12.Value = True Then
For i = a * b To a Step -1
If i Mod a = 0 And i Mod b = 0 Then
c = i
End If
Next i
End If
Range(RefEdit3) = c
End Sub
```

Etape 02 : Appeler la calculatrice dans une feuil Excel.

1. Inserer Module1 et ecrire la procedure suivante qui fait afficher l'interface de la calculatrice :

Sub Afficher_Calculatrice()
UserForm1.Show
End Sub

2. Ajouter dans le menu Outils de l'Excel une commande appelée « Calculatrice » :

- Cliquer sur le menu Affichage → Barres d'outils →
  Personaliser.
- Cliquer dans la fenêtre qui apparaît sur l'ongle Commandes et
  choisir Macros dans le menu Catégories.
- Dans le menu Commandes faire glisser la commande « Elément
  de menu pérsonalisé » vers le menu Outils de l'Excel.

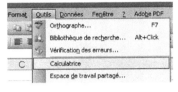

- Clique droit sur cette commande et la nommer « Calculatrice ».
- Fermer maintenant la fenêtre « Personaliser ».
- Cliquer sur Outils → Calculatrice et choisir dans la fenêtre qui apparaît la macros « Afficher_Calculatrice ».
- Revenir à Outils → Calculatrice et votre calculatrice s'ouvre.

3. Ajouter dans la barre d'outils standards de l'Excel un bouton appelé « Calculatrice » :

- Cliquer sur Affichage → Barres d'outils → Personaliser.
- Dans l'ongle Barres d'outils cliquer sur le bouton « Nouvelle ».
- Donner un nom (de votre choix) à la nouvelle barre d'outils.
- Dans l'ongle Commandes choisir Macros dans le
  menu Catégories.
- Dans le menu Commandes faire glisser la commande « Bouton
  pérsonalisé» vers la nouvelle barre d'outil que vous avez créé.

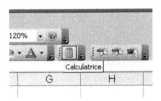

- Clique droit sur ce bouton et modifier son image (choisir l'image
  de la calculatrice) et le nommer « Calculatrice ».
- Faire glisser la nouvelle barre d'outil vers la barre d'outils standards de l'Excel.
- Fermer maintenant la fenêtre « Personaliser ».
- Cliquer sur le nouveau bouton « Calculatrice » et choisir dans la fenêtre qui s'ouvre la macros
  « Afficher_Calculatrice ».
- Cliquer une nouvelle fois sur le nouveau bouton et votre calculatrice s'ouvre.

Etape 03 : Utiliser la calculatrice.

Cliquer sur le menu Outils → Calculatrice ou cliquer sur le bouton Calculatrice dans la barre d'outils standards. Choisir les cellules des opérandes et du résultat et l'opération a effectuer, puis cliquer sur Calculer.

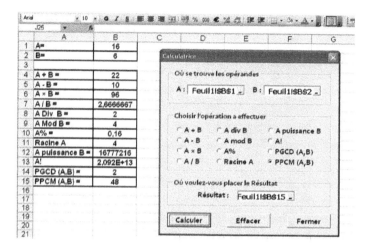

ALGORITHMIQUE	Visual Basic for Application	Description
Procédure nomP(Paramètres)	Sub nomP(paramètre)	L'entête, la fin et l'appel d'une procédure
FinProcédure	End Sub	
nomP(Paramètre)	Call nomP(Paramètre)	
Fonction nomF(Paramètres) :Type	Function nomF(Paramètres) :Type	L'entête et la fin d'une fonction
FinFonction	End Function	
ParVal	ByVal	Passage des paramètres par valeurs
ParVar	ByRef	Passage des paramètres par variables
Const B ← 5	Const B=5	B est un constant égal à 5
Var A : entier	Dim A as Long	$A \in [-1,797.10^{308}, +1,797.10^{308}]$
Entier	Byte	[0, 255]
	Integer	[-32768, +32767]
	Long	[-2147483648, +2147483647]
Réel	Currency	$[-922,33*10^{12}, +922,33*10^{12}]$
	Single	$[-3,402*10^{38}, + 3,402*10^{38}]$
	Double	$[-1,797.10^{308}, +1,797.10^{308}]$
Chaine de caractères	String	2 milliards de caractères
Booléen , Vrais , Faux	Boolean , True , False	Les deux valeurs booléennes
Variable	Variant	Le type change selon le contexte
Type	Type	La déclaration d'un type personnalisé
FinType	End Type	
Lire (A)	A = [A1]	A reçoit le contenu de la cellule A1
	A = TextBox1.Value	A reçoit le contenu du TextBox1
	A = InputBox (" ")	Lire A dans une fenêtre
Ecrire (A)	[A1] = A	La cellule A1 reçoit La variable A
	Label1.Caption = A	Le Label1 reçoit la variable A
	MsgBox A	Afficher A dans une fenêtre
←	=	L'opération d'affectation
+ , - , X , /	+ , - , * , /	Les opérateurs arithmétiques
= , ≠ , < , ≤ , > , ≥	= , <> , < , <= , > , >=	Les opérateurs de comparaison
Et , Ou , Non	And , Or , Not	Les opérateurs logiques
x div y , x mod y	x \ y , x Mod y	Le résultat et le reste d'une division
$\sqrt{a}$, x^y	SQR(a) , x^y	La Racine et La puissance
T : Tableau [50] : Entier	Dim T(50) as integer	50 éléments de type entier
M : Matrice [5,4] : Réel	Dim T(5,4) as Double	20 éléments de type réel
Si (condition)	If condition	La forme conditionnelle Si
Alors	Then	
Sinon	Else	
FinSi	End If	
Pour i←a Jusqu'à b pas c Faire	For i=a To b Step c	La Boucle Pour
FinPour	Next i	
TantQue (Condition) Faire	While Condition	La Boucle TantQue
FinTantQue	Wend	
Répéter	Do	La Boucle Répéter
Jusqu'à (Condition)	Loop Until condition	
Publique A	Public A	A est publique
Privé A	Private A	A est privé

Tableur et programmation
Excel & VBA

Houssem MANSOURI

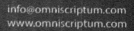